JN292116

eco 多摩 atelier

えこたま工房

多摩の修理・再生・古道具63

目次

第3章　古いものはタカラモノ

修理工房リスト

第4章　暮らしを彩る修理工房

コラム

この本の使い方

本書のデータは、2010年9月現在のものです。
取材後の営業時間・定休日などの変更もありえますので、ご了承ください。

小金井市・バイク

T.R.COMPANY
ティーアールカンパニー

上質の整備で年代物のバイクを再生
バイクの楽しみ方をお客さんと共有したい

玉川上水沿いの五日市街道にある、1960～70年代のバイクの専門店。イギリスで生まれインドで製造されたロイヤルエンフィールドの旧モデル、イタリアのバイクメーカー・DUCATIの1963年モデルなど、ヴィンテージ外車、絶版となった国産車がずらりと並び、バイク好きにはたまらない。

国内に先駆けて海外に輸出され、その後アメリカから里帰りした1969年製の通称ホンダ・ナナハン、ミニバイクのブームを作った1964年製スーパーカブなど、素人にも名前が知られている年代物のバイクもある。

「うちはバイクの総合病院です。他の店で修理を断られたバイクが持ち込まれます」と語るのは、社長の高橋孝幸さん。高橋さん自身、クラシックバイクレース出場の常連で、知る人ぞ知るイギリスの名車・1935年製のヴェロセットKTTも所有。もちろんすぐにでも走れるよう整備してあると、熱っぽく語る。

店のポリシーは、どんなバイクも骨格とエンジンは変えないでメンテナンスすること。お客さんから持ち込まれたバイクは、3人のメカニックが自らの技術と経験を頼りに、1台1台ていねいに修理。「もう乗れない」と、お客さんがあきらめていたバイクを再生させる。

高橋さん始めスタッフ全員のバイクへの思いが熱い店は、休日にはこだわりのライダーが集まる場となる。リタイアしたから400cc以上のバイクに乗ってツーリングしたいと、大型二輪車免許を取得する団塊世代の人も増えているという。

T.R.COMPANYでは、年に何回か店主催のツーリングを開催。お客さん同士の交流の場となっている。「バイクは楽しむための乗り物です。お客さんとバイクの楽しみ方を共有するためにも、どんな古いバイクでも乗れるよう修理したい」と、高橋孝幸さん。

■042-386-6066
■小金井市関野町1-2-6
■JR中央線東小金井駅北口から徒歩18分
■10:00～19:00
■曜休み
■駐車場あり

70　71

■ 電話番号
■ 住所
■ 最寄り駅
■ 営業時間
■ 定休日

＊ 地図がない場合は、出張専門または非公開です。
所在地は★印で記してあります。

第1章　伝統のワザを伝える和の修理

日本の風土に育まれながら、
何百年にもわたって培われ、磨かれ、
高い完成の域に達した伝統の品々。
それらに不具合が生じたら、
修理して次世代に受け渡すワザも
師匠から弟子へと伝えられ、
高い完成度を見せています。

国分寺市・陶磁器

金継《きんつ》ぎ ｎｉｃｏ《ニコ》

伝統の手法で陶磁器を再生

継いだ部分がおしゃれな模様に

ｎｉｃｏさんが「金継ぎ師」になったきっかけは、大切にしていた印判の大皿が欠けたことだった。

20代のころ骨董品店で思い切って買ったもので、結婚してからも大事に扱っていた皿だった。古い陶器や生活道具を見るとワクワクしてしまうほど、昔のものが好きだったｎｉｃｏさん。がっかりしていたところ、タイミング良く陶磁器の修復教室を知り、通いながら大皿の欠けを自分で継いで修復した。

しかしその後、この方法はウルシの木の樹液「漆《うるし》」を用いて陶磁器を再生する、日本の伝統的技法ではなかったことを知る。印判の大皿は本来の方法で修復したかった、という思いがｎｉｃｏさんを駆りたてた。

●茶の湯とのかかわり

英語では陶磁器を「チャイナ」、漆器を「ジャパン」と称するほど、日本を代表する伝統工芸品の制作に欠かせない「漆」。昔から食器や家具の塗料剤として使われ

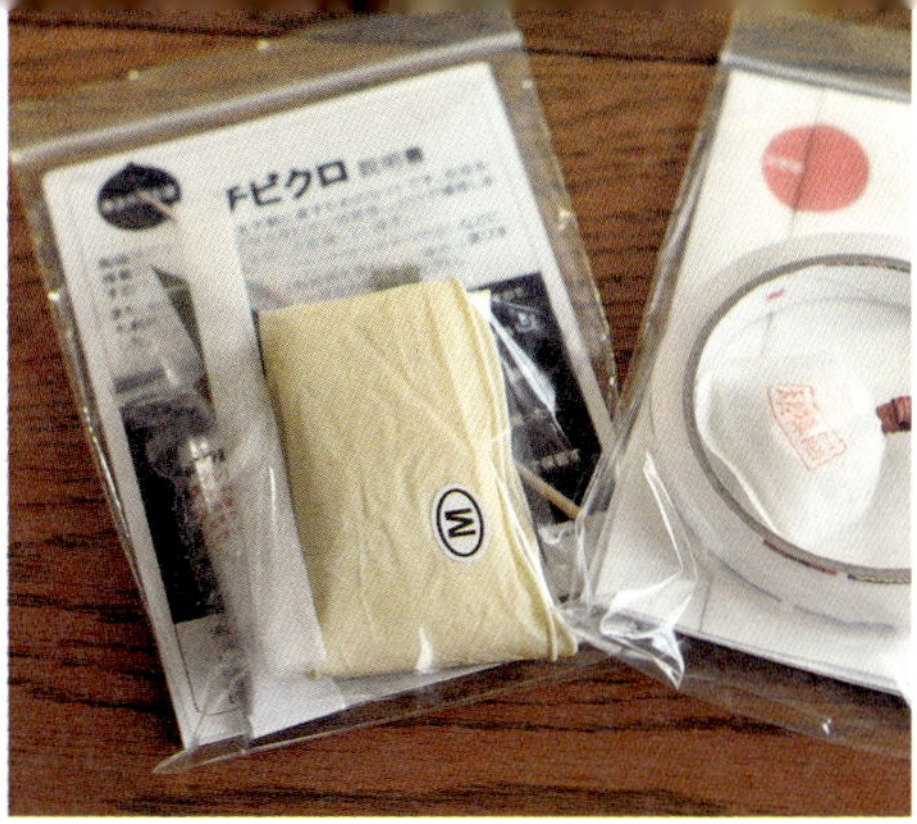

「金継ぎnico」では、陶磁器専用のうるし直しキットを販売。「クロコ」(左、税込22,000円)は、じっくりと修理をやりたい人向けのセットで、生漆、ヘラ、下地粉、研ぎ道具などのほか、全行程カラー写真解説のマニュアルが付く。「チビクロ」(上、税込3,000円)は、初心者でも簡単に修理が楽しめるよう工夫され、生漆、ヘラ、吉野紙などと解説書がセットになっている。
ホームページはhttp://royu.net/nico/
教室の開催や技術指導は行っていない。

るだけでなく、接着剤としても使われてきた。

漆塗りの手法が陶磁器の修理に用いられるようになったのは、室町時代のこと。茶の湯の発展とともに高価な茶器がもてはやされるようになり、一方で割れたり欠けたりした場合の修復技法が工夫され、発展していった。割れたものとは別の陶片を補って修理する「呼び継ぎ」、接着した部分に、蒔絵のように金粉を蒔《ま》いて仕上げる「金継ぎ」、銀粉で仕上げる「銀継ぎ」などだ。

これらのどの修理技法にしても、漆を接着剤として使う「漆継ぎ」が基本である。

「岩手県二戸《にのへ》の浄法寺漆を知り、高齢の〝かきこ〟(ウルシの樹液採取の職人)さんと出会って方向性が決まりました」とｎｉｃｏさんは語る。それからというもの、独学で知識を深めるとともに、漆問屋で漆の扱いを習い、蒔絵師のもとで漆芸の技法を教わりながら、伝統的な修復の技法を学んでいった。

陶磁器修理の材料と道具
Ⓐ麦漆を作る。麦漆は陶磁器の修理に最もよく用いる接着剤で、小麦粉を水で練ったものに漆を合わせて作る。Ⓑ欠け部分に下地として、刻苧を埋めていく。補強材として吉野紙を貼ることもある。Ⓒ金粉を蒔いて漆で粉固めしたものを椿炭で磨く。Ⓓ手作りのヒノキベラと竹ベラ。

金継ぎを始めて10年。

国産漆の7割を産する浄法寺に毎年通って、1年分の漆を仕入れ、ていねいな仕事を続けている。

●手間と時間を要する仕事

縁が小さく欠けた1枚の皿を修理するにも、決して手を抜かない。

まず欠けた部分をクリーニングし、器によっては漆の下処理をした後、刻苧《こくそ》（麦漆にツゲの粉や麻粉などを練り混ぜたもの）などの下地をつける。そして数日間、室《むろ》（乾燥庫）で乾かし固め、研ぎ炭で表面を整え、さらに下地をつける作業を何回も繰り返す。欠けが埋まったら、補修部分を平らでなめらかにするために、下塗り・中塗りを行う。その後、絵漆を塗り、金粉を蒔いて乾かす。さらに漆で固めて乾かす作業を繰り返し、椿炭や磨き粉で輝かせてようやく完成する。

下地から仕上げまで一朝一夕にはできない仕事なので、

大きく割れてしまった壺などの場合は、金継ぎをほどこして仕上げるまで数年を要することもある。

修理の注文を受けたら、お客さんと直接話しながら、どのような手法で直していくかを相談する。自分で作った陶器が割れたから直してほしいという、小学生からの依頼を受けたこともあるという。

貴重な漆や金粉・銀粉を使うのでどうしても費用がかかり、日数も要する。そこで「金継ぎｎｉｃｏ」では一般用の修理キットを販売。本格的な「クロコ」、初心者用の「チビクロ」とも、漆直しの方法がていねいに解説されている。

■090-6176-6384
■国分寺市東元町2-17-19
■JR・西武国分寺駅南口から徒歩7分
■月～土9：00～19：00（完全予約制）
金継ぎ・銀継ぎの場合は
＊カケ　5,000円～
＊ワレ　10,000円～

立川市・楽器

渡邊屋邦楽器店

わたなべやほうがっきてん

三味線の製作と修理の専門店

23歳で飛び込んだ道一筋36年

立川駅南口のほど近く、粋な日除けのれんが掛かる店がある。ガラス戸を開けると、落ち着いたよい香りがほのかにただよう。修理のために預かっている三味線などの防虫・防湿のために使っている衣装香の匂いだ。

渡邊屋邦楽器店の店主・渡邊孝人さんの得意は、三味線の製作と修理である。

●勤め人から職人に転職

三味線の修理は、「胴」と呼ばれる四角い木枠に張った「皮」の張り替えがもっとも多い。すべて天然の素材で作られている三味線は、皮としては昔から猫、犬の皮が用いられ、特有の音色を出すためにピンと伸ばして張ってあるために、割れたり裂けたりしやすい。とくに湿気の多い梅雨が明け、空気が乾燥する真夏になると不具合になりやすく、渡邊さんの仕事が忙しくなる。

皮の張り替えのほかにも、使い続けると接着部分がゆるんでしまう「胴」の修理、「棹《さお》」の表面のすり減りを

三味線の皮の張り替え(左)は、割れたり裂けたりした皮を取り外した後、木製の洗濯バサミのような「木栓」で皮をしっかりはさんで引きしめ、胴に張りつける。皮は天然素材なので所々で厚さが微妙に違うし、細かな傷があることもある。それらを見極めながら、いい音色が出るよう張り具合を調節する。
製作・修理に用いるさまざまな種類のノミ、カンナ、砥石などの道具類(上)は手入れが行き届いている。

直す「勘減《かんべ》り直し」など、常に最良の状態で弾くにはこまめなメンテナンスが必要だ。

「基本に忠実に修理することを心がけています。三味線を一から手作りすると、何が大切かの基本が見えてきます」と語る渡邊さんは、三味線とは縁のない家庭に生まれ育ち、高校卒業後は勤め人となった。しかし独立独歩の性格からか、周囲と歩調を合わせられずぎくしゃくしていた23歳のとき、たまたま見つけた「三味線の修理職人募集」の求人に応募して邦楽器店に弟子入りした。

「自分に向いているかどうか、1年やってみてだめならやめよう」と軽い気持ちで弟子入りしたが、胴に皮を張るときに使う木《き》栓《せん》など道具の手入れから始まり、1年後には皮の張り替えをまかされるようになった。それまでプラモデルひとつ完成させたことはなく、手先が不器用だと思い込んでいたが、職人仕事は水が合ったのか30歳で独立して立川に店を構えることになった。

「しかし、それからがたいへんでした」という。三味

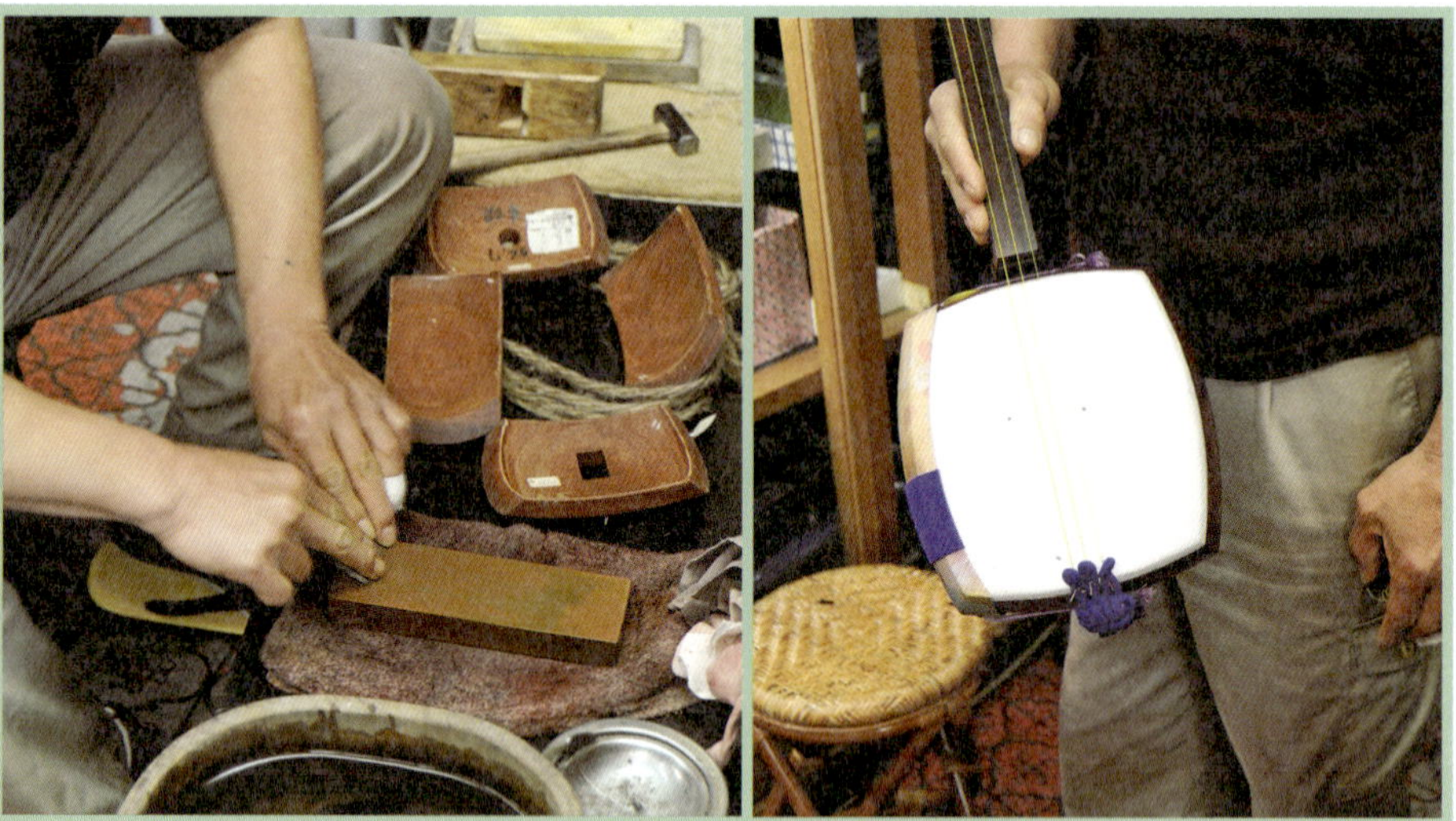

三味線の胴の修理
胴は花梨、棹は紅木（コウキ）や花梨が利用されることが多い。胴の修理は４枚の木枠をバラバラにした後、各接着面にカンナをかけてなめらかにし、ニカワをつけて組み立てる。棹は３本の木を組み立てた寄木細工のような「三つ折れ」作りになっている。

線のお師匠さんなどとの付き合いを通して、自分には足元にもおよばない職人ワザがあることを知る。独立したからにはもう後戻りはできないと言い聞かせながら、一から修業し直すつもりで仕事に取り組んだ。

●水が合ったからこの道に

自らは三味線の奏者ではない渡邊さん。では、修理後の音色の良し悪しはどのように確かめているのだろうか。

「納品したとき、試し弾きをされるお客さんの顔色ですぐにわかります」。弾きながらふっと表情がゆるみ、満足気なバチ音が続くようなら満足してもらえたということ。不満足なら、表情はくもったままだ。

三味線の音色を通してのお客さんとのやりとり。これを繰り返しながら、皮の張り方の微妙な調整方法などを体得し、お客さんとの長年のお付き合いから、さらに技術を磨いていった。

「この仕事に入ったのは、水が合ったから」という渡邊

さんに、職人をめざす若者へのメッセージを聞いてみた。

「自分がどんな仕事に向いているか、25～30歳のころまではわからないものです。〝石の上にも3年〟ではなく、若いうちはいろいろ試してみて、ダメならすぐにやめればいい。いろいろやってみると、自分で自分のことがわかるようになります」。思い通りにならなくて悩み、再出発できることは若者の特権だ。

この道36年。「この年になって、三味線の音はいいなあとしみじみ思うようになりました」と語る。

■042-527-7907
■立川市錦町1-5-33
■JR立川駅南口から徒歩3分
■10：00～19：00
■日・祝日休み

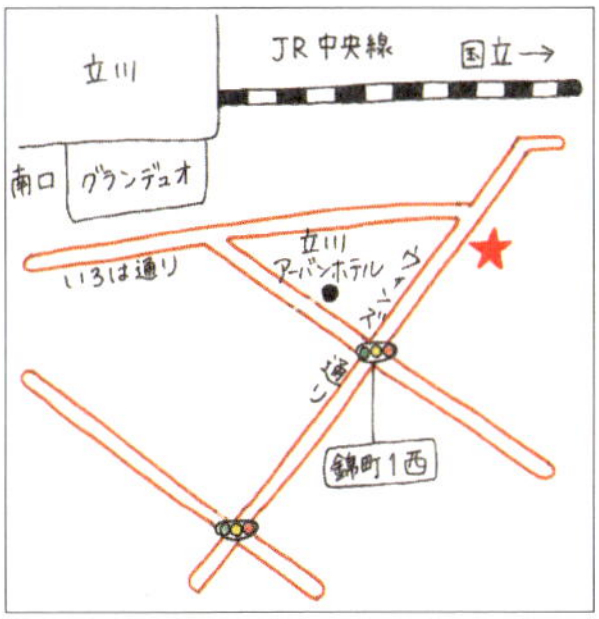

昭島市・楽器

片切琴三味線店

かたぎりことしゃみせんてん

中国渡来の琴は日本の風土に合った楽器

よそで直せない修理が持ち込まれる

琴は奈良時代に中国から伝えられ、宮廷で奏でる雅楽の楽器として用いられるようになった。時代が下って江戸時代初期、現在でもよく演奏される「六段の調べ」などを作曲した八橋検校によって、大きく発展。京都みやげのひとつ「八ッ橋」は、八橋検校にちなんで考案された和菓子だといわれる。

その後、生田流、山田流の流派が確立。大正・昭和になってからは、洋楽とのコラボレーションも行われるようになり、名曲「春の海」を作曲した宮城道雄は、琴を和楽器の代表として世界に紹介した。

●本体は桐で作られている

このように日本独自の楽器として歴史を刻み、親しまれてきた琴。おもしろいことに各部分の名称には「龍」の字がついている。たとえば表板は「龍甲」、裏板は「龍腹」、糸を張る部分は「龍角」、糸を出すための小さな穴は「龍眼」、そして両端は「龍舌」「龍尾」と呼ぶ。

琴の弦は龍眼から龍尾(上)側に張り、雲角(うんかく)と呼ばれる龍尾につけられた穴を通して止める。弦の素材として昔は絹糸が使われたが、今日は丈夫なテトロン糸が使用されることが多い。「片切琴三味線店」では職人による手作り琴や付属品の販売・修理だけでなく、三味線や和太鼓の販売・修理も行っている。

中国で龍は皇帝のシンボルであり、皇帝の前で奏でられる楽器だったからとも、龍をかたどった楽器だからともいわれる。

「琴には金物は一切使わず、本体は桐で作ります。もっとも上質の材料は会津産の桐です」と、片切琴三味線店の店主・片切利幸さん。

桐は軽く丈夫で湿度を調節する働きもあることから、昔からタンスなどに使われ、日本の風土に合った材。とはいえ、「桐材が痩せる」と片切さんが言うように、乾湿の差によって木が伸縮し接着面がはがれやすくなる。ときには龍腹（裏板）が割れてしまうこともある。そのほか、年月を経るほどについてしまった傷の修復、糸締め直しなど、琴はこまめに修理すれば何年でも使い続けられる楽器だ。

あるとき、弾けないほどに傷んでしまった琴を直してほしいという依頼があった。聞けば母の形見だという。壊れたままでは忍びない。元通りに、それ以上によい音

「琴」は琵琶、一弦琴、大正琴などを含む弦楽器の総称。弦の途中に立てた「柱(じ)」の位置を動かすことによって調弦する弦楽器「こと」は、正式には「箏」の字を当てる。もっとも一般的な箏は、13本の弦がある。店の工房ではこの道50年の職人さんが特注の17弦の琴を製作中だった(中)。店主の片切利幸さん(左)。

色が出るよう修理して喜ばれたという。

「傷みがひどく、よそでは直せない琴がうちには持ち込まれます。どこを直したかわからないくらいに、きちんと復元することがうちの技術です」と片切さん。

●子どもたちに親しんでもらいたい

18歳のとき、琴・三味線の工房に弟子入りした片切さん。材となる桐の製材から、各部の組み立て、糸締めまですべての工程の技術を身につけ、そのかたわら、自分でも弾けないことにはいい音かどうかわからないと、琴の稽古にも通うようになった。だが、時代の波に流されるように琴の製作も機械化が進み、パーツごとの分業作業となっていった。

流れ作業ではなく、自分で納得できる琴を作りたいと思い続けていた片切さんは、28歳のとき独立。昭島に工房を開いた。それから40年、桐材をくり抜くところから完成まで、工房での一貫製作を続けている。「よそでは

片切琴三味線店

直せなくても、うちではできる」という自信は、手作業にこだわる製作の姿勢に裏打ちされている。

店では、使わなくなったからと持ち込まれる琴を引き取り、修理しては小中高校の体験教室で役立てている。平成14年度より、学習指導要領によって中学校の音楽に和楽器を取り入れることが必修となり、地元の昭島だけでなく、多摩の各地から講師の依頼が舞い込む。そこで片切さんは、講師の紹介や琴のセッティングなど、アドバイザーとして子どもたちに琴の魅力を伝えている。

■042-541-0807
■昭島市中神町2-19-17
■JR青梅線東中神駅南口から徒歩15分
■9:00～20:00
■第2・4日曜休み

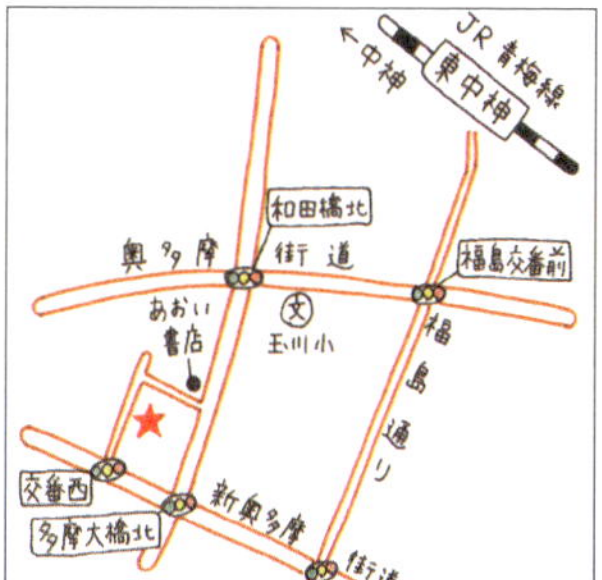

立川市・刀剣

苅田美術刀剣店

かりたびじゅつとうけんてん

伝統のワザで日本刀を研ぐ

文化財として次世代に伝えるために

本阿彌《ほんあみ》流の刀剣研師・苅田直治さんは姿勢を正し、刃先を手前に向けて日本刀の下地研ぎを始めた。

前かがみに座り、研ぎ台が動かないよう「踏《ふ》んま木」と呼ぶ道具を右足で押さえ、研いでいく。工房にシュッシュッという音が響き、上体が前後するだけで苅田さんの姿勢はいささかの乱れもない。

●新選組の刀も研ぐ

苅田さんが研ぐ刀は、天文年間（室町時代）に、武州下原刀《したはらとう》という刀工集団によって作られたもの。刀身の根元の部分「茎《なかご》」に、刀鍛冶の名を刻んだ「武州住康重」という銘があることからわかるのだという。「光の当たり具合で研ぎ具合を見ます」と苅田さんが持ち上げると、刀身に大きく波打つ刃文《はもん》が美しい。

次に、もうひとつの刀を取り出し、切っ先を残して刀身は布で包んだ。「帽子」と呼ばれる切っ先部分を白く研ぎ上げる、仕上げ研ぎの最終工程。わずかな手先の乱

立川駅南口に近い「苅田美術刀剣店」に入ると、年代物の日本刀や鑓、甲冑が飾られ、昔にタイムスリップしたような感覚になる。
刀身の刃文は、刀鍛冶の作意によって生じる。大きく波打つ「互の目（ぐのめ）」、直線の「直刃（すぐは）」など、さまざまな刃文があり、芸術品として鑑賞されている。
日本刀を所有するためには、「鉄砲刀剣類登録証」が必要となる。

れも許されないくらい高度なワザが必要とされる。

「私の前にはどんな研師が研いだのか、どんな研ぎ方をしたのか、刀を見ればわかります」と苅田さん。帽子を仕上げた刀は、幕末のころ新選組とのつながりのあった、刀鍛冶によって作られた刀だという。

多摩地域と刀のかかわりは深い。

室町末期の武州下原刀は、現在の八王子市下恩方町、横川町、元八王子町あたりに居住していた刀工集団で、北条氏の庇護を受けながら栄えた。その後、江戸時代になると、徳川幕府から厚く保護され、一子相伝でワザを伝えていったという。

多摩地域はその昔、江戸市中からはるか遠い田園地帯だったが、高い技術力をもつ人々によって刀作りが行われ、その伝統は幕末まで引き継がれたのだ。地元の刀工が作った刀を腰に差して幕末を駆け抜けた新選組。苅田さんは、近藤勇をはじめとする隊士の刀を収蔵している土方歳三資料館、佐藤彦五郎 新選組資料館などから、

日本刀の研磨
姿勢を正し、日本刀を研ぐ苅田さん。研ぎの工程ごとに、刀に合った砥石をもつことがよい仕事をできるか否かを左右する。「内曇(うちぐもり)」という京都産の砥石は、購入した当初は7〜8cmの厚さがあったが、使い続けるたびにすり減って、今では5mmくらいになってしまった。刀身の根元の茎には刀鍛冶の銘が彫ってある。

刀研ぎを依頼されることもある。

●日本刀の守り人

刀鍛冶に玉鋼《たまはがね》を用いて打たれた刀は、研師によって研磨され、取っ手部分の柄《つか》、刀身を納める鞘《さや》、刀身と柄の間にはさむ鍔《つば》などの外装をほどこされて1本の刀として完成する。鞘には漆や螺鈿《らでん》の技術が用いられることもあり、日本のものづくり技術の結晶といってもいいだろう。

「刀は日本の文化そのものです。ですから、研ぐのはいかによく切れるかではなく、文化財として次世代に残すためなのです」と語る苅田さんは、父の後を継いで研師をこころざし、古くから伝わる本阿彌流研師のもとに弟子入りし、住み込みで8年間修業して独立した。研師は日本刀の守り人。鉄で作られているために、手入れを怠ればサビが出ることは止められない日本刀を、常に最良の状態で保存し、美術工芸品として伝え続ける仕事だ。

明治以降、多くの日本刀が海を渡り、その美しさと技

術力の高さが評価されることになった。しかし、海外にコレクターはいても専門の研師はいない。そこで最近では、苅田さんのもとにイタリアやアメリカから研磨の依頼があり、また、海外に呼ばれて研ぐこともある。

27歳になる苅田さんの息子さんは、刀剣研師の仕事を受け継ぎたいと、家を離れて師匠のもとに弟子入りして9年目。現在の日本では、一人前になるまで10年もの修業期間を要する仕事はそれほど多くないだろう。苅田さんは、息子さんが一人立ちできる日を心待ちにしている。

■042-523-2628
■立川市錦町1-2-18
■JR立川駅南口から徒歩2分
■9:30〜19:00
■不定休

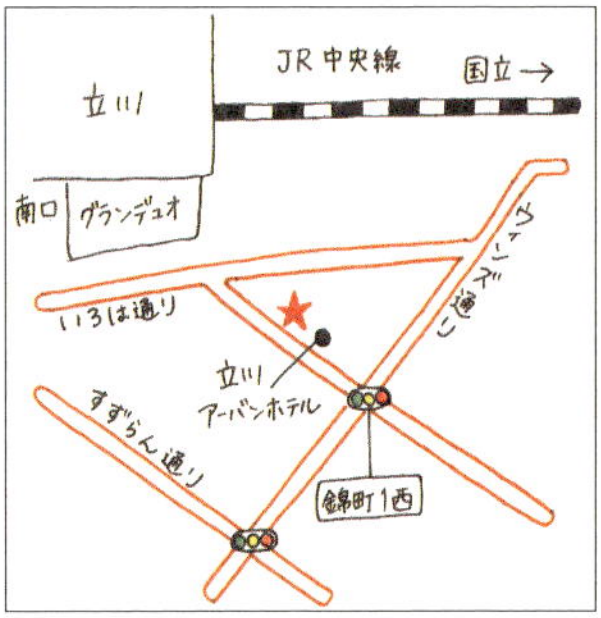

府中市・提灯

内藤提灯店《ないとうちょうちんてん》

提灯の「張替修理」を引き受ける

提灯文字は日本伝統のレタリング

内藤誠さんは創業80有余年になる、内藤提灯店の三代目店主である。

創業者である祖父の後を継いで二代目となったのは、嫁いでから提灯作りを学んだ内藤さんの母だった。勤め人だった父に代わって家業に精を出す母を手伝いながら、提灯作りのワザを身につけたという内藤さん。5歳のときに亡くなった祖父の働く姿はほとんど憶えていないが、「祖父が作った提灯の張替修理を受けたことがあります。提灯に墨書きした書体ですぐにわかり、祖父に負けない仕事をしたいと思うようになりました」と語る。

●火袋だけを取り替える

都内では数少ない、提灯の製作・販売の専門店。夜に提灯の明かりの中で神輿がかつがれる、地元・府中の大國魂神社「くらやみ祭」をはじめ、多摩地域の祭り提灯の注文を受けている。最近では、テレビや映画の時代劇やコマーシャルに使いたいという注文も多い。

盆踊りや夏祭り、収穫祭、商店街のイベントや学園祭を盛り上げる提灯。日本の祭りには提灯が欠かせない。橘流の寄席文字教室に通って、提灯文字のレタリングのおもしろさに目覚めたという、三代目の店主・内藤誠さん。内藤さんの製作した提灯は、テレビや映画の時代劇にも使われている。ホームページはhttp://www.cyoucin.com/

今日では、商店街のイベントなどで使われるビニール製の提灯の源は電球が使われているが、本来提灯は自然素材だけで作られ、ろうそくを灯して使うもの。電灯のない時代、提灯は生活の必需品だった。昔ながらの提灯は、竹を細く割った竹ひごを組み立てた筒に、和紙を貼った「火袋《ひぶくろ》」の上下を、「重化《じゅうけ》」という薄い杉板の輪っかで留めて作った。

昔も今も、火袋、重化、ろうそく立てなどの部品は、専門の職人によって製作され、提灯店では各部品を仕入れて組み立て、文字を入れて完成させる。提灯は和紙という素材から、傷みや破れなどが生じて修理や交換が必要になるが、重化、ろうそく立て、倒れないための金具「金足《かなあし》」などは何年でも使い続けることができる。そこで、火袋を取り替える「張替修理」を引き受けている。

内藤さんは使い込まれた重化に焼入れして、曲がりやすくしたクギでろうそく立てを打ちつけ、屋号や家紋を書き入れた新しい火袋と組み立てる。

提灯の張替修理

「内藤提灯店」では、新しい提灯の製作・販売だけでなく、「張替修理」も引き受けている。竹ひごと和紙で作られた「火袋」は取り替えるが、ろうそく立てなどの部品は前のものを再利用する。大正時代に製作され、昭和、平成と使われ続けてきた祭り提灯の張替修理の依頼を受けたこともある。

火袋に独特の文字を手書きする工程、今風に言えばレタリングこそ、内藤さんの得意分野だ。

●職人伎《わざ》のバトンをつなぎたい

子どものころから絵や工作が好きで、母の見よう見まねで提灯を製作していたが、その当時は三代目を継ぐつもりはなかった。大学を卒業し、デザイン会社で働いていた24歳のとき、落語家から寄席文字の大家に転身し、老いてもなお向上心を失わない、橘右近の仕事の姿勢に感銘。橘流の寄席文字教室に通い始めた。

歌舞伎の看板などに使われる歌舞伎文字「勘亭流」、相撲の番付などに使われる相撲文字、いつも満席になるよう縁起をかついで、余白を少なく太く書く寄席文字など、独特の書体の「江戸文字」は粋な江戸文化そのもの。内藤さんは橘右近の後継者・橘左近師匠に稽古をつけてもらいながら励まされ、寄席文字から提灯文字のレタリングへと興味が深まっていく。そして自分なりの提灯文

字のデザインをしたい、母の後を継ごうと決意した。

張替修理に持ち込まれる提灯を見ると、重化や金足を作った職人の仕事、以前に修理を引き受けた提灯店の仕事のようすが想像できる、と内藤さん。

「火袋を取り替える仕事を通して、たくさんの職人の手でていねいに作られた提灯をバトンとして、使い手に受け渡していきたい。提灯作りの本物の手仕事のよさを残したい、そういう思いで仕事をしています」。日本のモノ作りの伝統を受け継ぐ職人の心意気である。

■042-361-7682
■府中市天神町1-4-18
■京王線府中駅から徒歩15分
■10:00〜19:00
■木・最終日曜休み

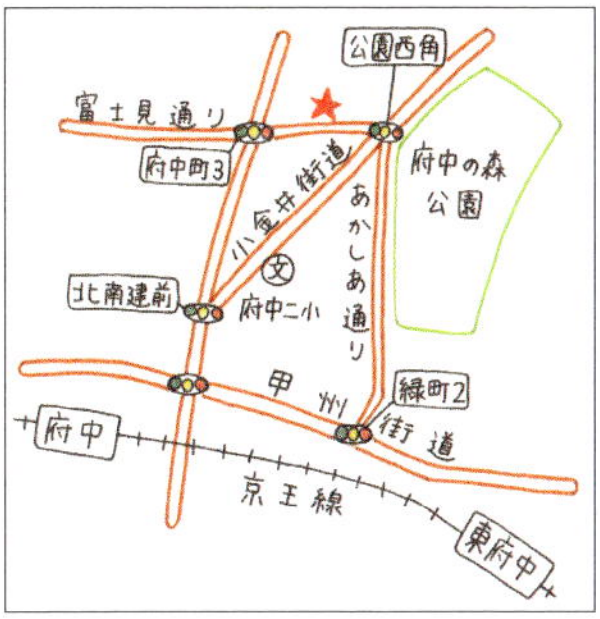

八王子市・履物

福島履物店

ふくしまはきものてん

鼻緒をすげ替えれば何年でも履き続けられる

下駄や草履は日本に伝わるエコな履き物

下駄《げた》や草履《ぞうり》、雪駄《せった》。日本人に昔から親しまれてきた履き物は、台に通した鼻緒《はなお》を親指と人差し指ではさんで履く作りになっている。鼻緒は布と紐でできているので調節しやすく、切れても簡単に取り替えることができる。

「今の若い人は、夏祭りや成人式などで履く機会があっても、履き具合を鼻緒で調節できること、鼻緒のすげ替えができることを知らないことが多い」と、福島履物店の店主・福島進さん。自店商品は下駄や草履の鼻緒がきつかったり、ゆるかったりした場合は無料で調節。また、いろいろな種類の台と鼻緒を取りそろえているので、自分好みの鼻緒を選んで仕上げてもらうこともできる。

それだけではない。福島さんはホームページを通して注文できるネットショップを立ち上げている。

商品一覧には男物、女物、子どもの下駄や草履、鼻緒などが並び、最高級品として知られる会津桐の柾目を使った下駄の台もそろえている。ネット販売で問題となる鼻緒の調節は、つま先からかかとまでの長さ、親指の付

福島進さんは八王子に天保５年に創業した店の五代目。大正13年生まれの先代・悟郎さんは、進さんの妻・茂代さんとともに店に出て接客している。
鼻緒は浅草の鼻緒職人による手作り。1足分幅10㎝×長さ40㎝の着物地、洋服地、リボンなどがあればオーダーメイドの鼻緒を作ってもらうこともできる。ホームページは http://www.e-geta.com

け根から小指の付け根までの幅と周囲サイズを、注文表に記入してもらうことでクリアした。

下駄や草履は履くと血行がよくなるなど、健康面でも注目されている日本古来のエコな履き物。オーダーメイドの注文や鼻緒の調整・すげ替えを引き受ける店は少なくなった昨今、店には遠くからの来店客もあるという。

「足が痛くなると履きたくなくなります。履いていて調子が悪いようなら再調整します。ぜひご来店ください」と、奥さんの茂代さんは言い添えた。

■042-622-4427
■八王子市中町7-11
■JR八王子駅北口から徒歩5分
■10：00～19：00
■無休

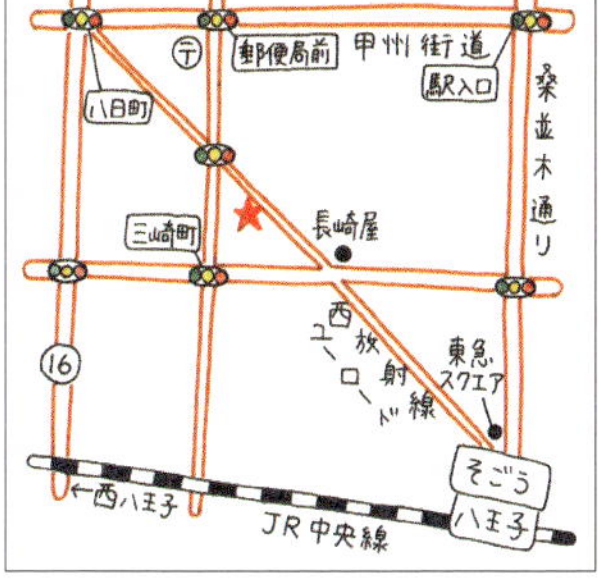

あきる野市・衣類

京都屋

きょうとや

長年の経験とワザで染みを抜く

染色補正技能士は和服のお医者さん

人間の身体の丸みに合わせて生地を裁つ洋服に対して、和服の特徴は反物を直線に裁って縫ってあること。ハサミを入れる箇所が少ない裁ち方なので、ほどいてつなぐと、もとの反物に戻すことができる。

直線裁ちの和服は、ほどくのに手間がかからないことから、各家庭では一時代前まで「洗い張り」という方法で洗濯していた。いったんほどいて反物状態に戻して水洗いし、板や伸子《しんし》という道具を使って干し、再び元通りに仕立てて手入れし、二代三代にわたって着続けていた。

家庭で手に負えないほど染《し》みや汚れがひどいときは、染物屋に頼んで色抜きして染め直したり、全体を濃い色に染め直してもらうこともあった。

●ていねいに根気よく抜いていく

「20年30年前についた染みでも、生地さえ傷んでいなければ抜くことができます」と語るのは、京都屋の店主・赤間幸雄さん。今日では専門の業者に依頼する和服

店に入ると、手入れを待つ和服がずらりと掛けられ、棚には染み抜きが仕上がり、たとう紙に包まれた和服が整然と並べられている。
「京都屋」では染み抜きだけでなく、丸生洗い、洗い張り、染め替え、仕立ても受けている。
染色補正技能士２級の資格をもつ息子さんは、近くでクリーニング店「京都屋三幸」を営業している。

の手入れのうち、とくに染み抜きの技術には伝統のワザがしっかりと受け継がれている。

赤間さんはクリーニング店で働きながら、和服の染み抜き技術を習得し、独立してあきる野市に店を開いて40数年。店の正面に大きく「キモノクリニック」とあるように、厚生労働大臣認定の「1級染色補正技能士」の店として、和服の手入れを専門に引き受けている。

友禅染が盛んな京都などには、江戸時代の昔から仕上がった反物の染めむらを点検して染め直したり、染色の過程で生じた染みを抜いたりする仕事を専門とする職人がいた。染色補正技能士は、技能検定で実技と学科の試験が実施される国家資格。昔ながらの技法に加えて化学的な専門知識と技術が必要とされる専門職である。

「古い染みを1回で抜こうとすると、生地が〝壊れる〟ことがあるので、染みの部分をそっとなでるように根気よく抜いていきます」と語りながら、赤間さんは絹織物のひとつで、滑らかな光沢のある綸子《りんず》の訪問着の染み抜

和服の染み抜き
店奥の工房は、まるで化学の実験室のよう。染み抜きの方法は、1カ所ずつ異なる。綸子の訪問着の染みのひとつは、まず蒸留水をかけて染みをぼかし、アルカリ性の薬剤で染みを浮き出させ、酸化剤をつけて少しずつ消す。これを何回も繰り返して染みを消し、酢酸で中和させて乾かして仕上げる。

きに取りかかった。母親が若いときに着ていた和服を着たいからと、30代の女性が持ち込んだものだという。

上品な若草色の地色を消してしまわないよう、まず蒸留水をつけて染みをぼかし、アルカリ性の薬剤や酸化剤などを使いながら、ていねいに抜いていく。何が原因でついたのかわからないほど酸化した染みも多く、1カ所の染みを抜くために、20回も薬品を使うことがある。模様部分の染み、前身頃の黄色く変色している部分、衿の汗染み、綸子の染み抜き作業はまだまだ続く。

●染みができたら、すぐに専門店へ

「自分の専門の分野だけに詳しい、染めや織りの職人さんとは違って、日本に伝わる染織の技法全般をわかっていることが染色補正士の条件です」というひと言に、プロとしての自信と誇りがこめられている。

京都屋への染み抜き依頼はクリーニング店だけでなく、個人客も多い。個人のお客さんの場合は、店のカウンタ

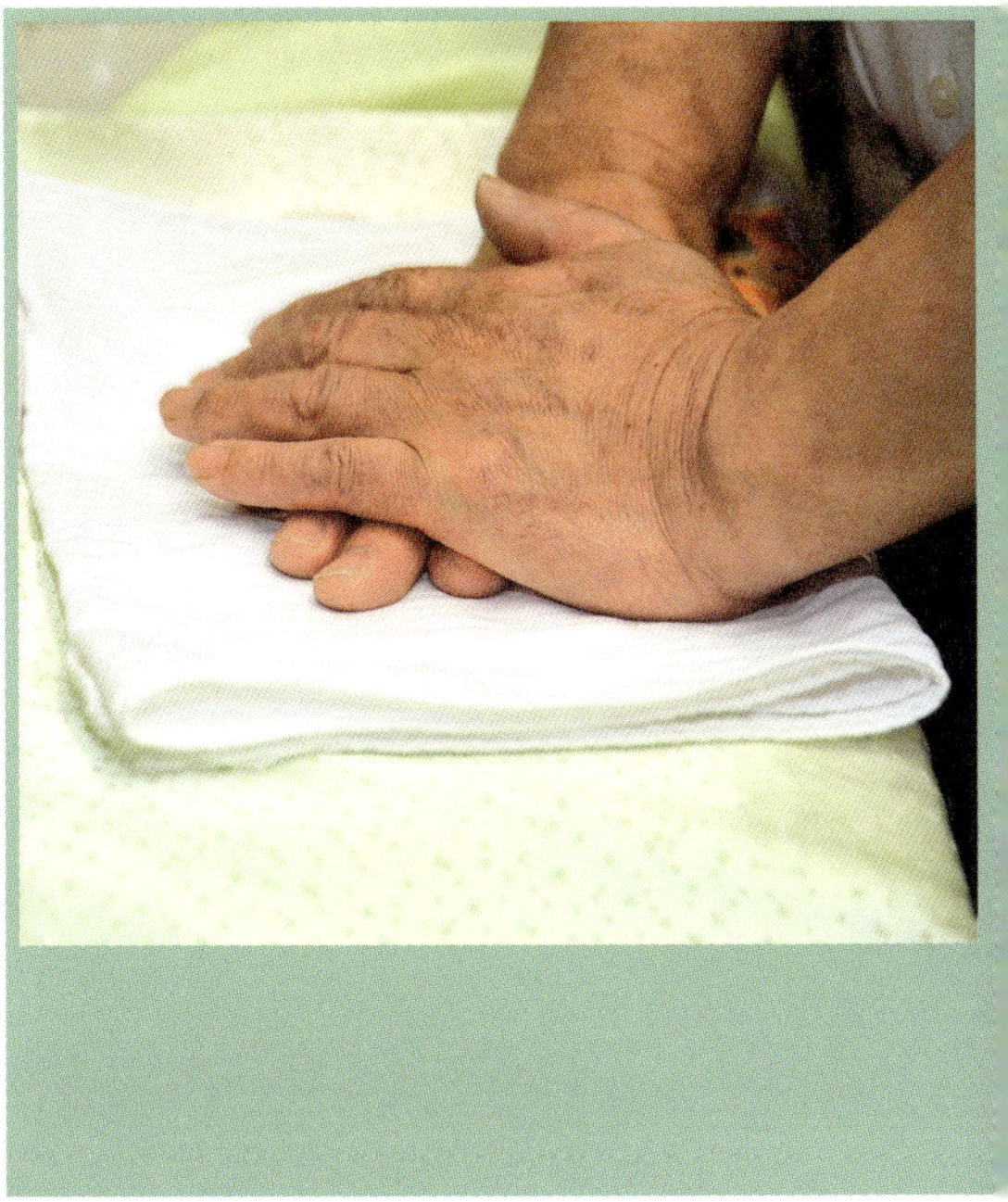

ーで和服を広げてもらって、染みを1点1点確認しながら見積もりを出し、納得してもらった上で引き受ける。引き受けた後は専用の薬剤で「丸生《いき》洗い」した後、染み抜きし、縮みやゆるみを地直しして納品する。

「絹織物の和服に染みができたら、できるだけ早く専門店に相談してください。染みを消そうとして、こすったりたたいたりすると、染みが広がったり、生地が傷んでしまいます」と強調した。

■042-550-0552
■あきる野市瀬戸岡275-4
■JR五日市線秋川駅北口から徒歩10分
■9：00～19：00
■水曜休み
■駐車場あり

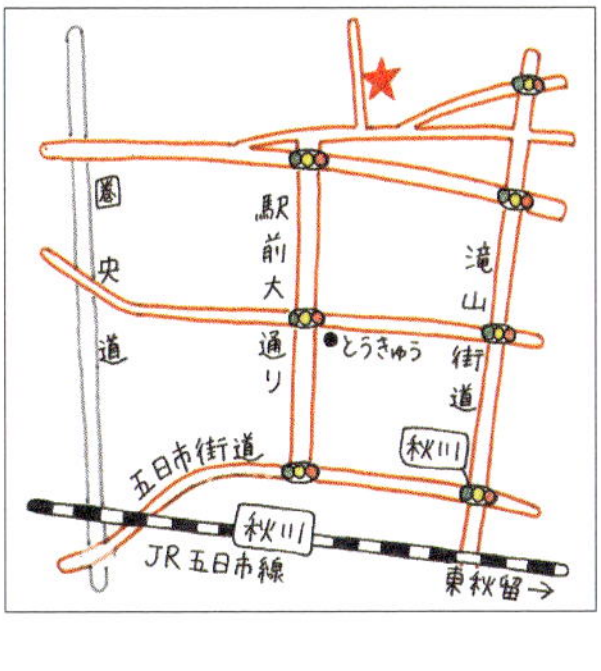

生活用具

ひの市民リサイクルショップ 回転市場　万願寺店

■042-587-1781
■日野市万願寺2-24-7
　いなげや日野万願寺駅前店2F
■多摩モノレール万願寺駅徒歩2分
■11:00〜17:30
■月・火曜休み

日野市のリサイクル事業と市民団体が協力し、市民から提供された衣類や小型家具などを格安で販売している。

エコショップ元気広場

■042-637-2394
■八王子市片倉町440-15
■JR横浜線片倉駅北口徒歩3分
■11:00〜18:00
■日曜休み

八王子市認定のリサイクルスペース。家で眠ったままの衣類やアクセサリー、手作り小物などを展示販売するレンタルボックスが人気。

花野工房

■042-662-6087
■八王子市千人町2-6-9
■JR中央線西八王子駅北口徒歩5分
■10:00〜19:00
■無休(正月、夏期休業)

ミセス婦人服店の別部門として設立した、リメイクの工房。タンスに眠っている毛皮のコートやジャケットが、トートバッグや巾着などに生まれ変わる。

パルタン

■042-360-7295
■府中市寿町1-4-18
■京王線府中駅北口徒歩3分
■9:00〜19:00
■定休日要問い合わせ

靴・バッグ・傘の修理や合鍵の作製など。靴やバッグをオゾン水で丸洗いするクリーニングも行っている。

ちゃっぷりんK

■03-3307-6959
■調布市仙川町1-12-2　ヤマトビル1F
■京王線仙川駅南口徒歩2分
■10:00〜20:00
■水曜休み

靴修理・鍵・防犯設備の専門店。靴修理と錠前交換は、調布市近郊で20:00〜21:00に限り集配・出張サービスも可能。

シュードックスズヤ

■042-341-1138
■小平市美園町1-33-1-106
■西武線小平駅南口すぐ
■10:00〜20:00
■木曜休み

二代目店主が、靴作り職人の父から受け継いだ専門の技術で靴を修理。合鍵作製や、表札も取り扱っている。

りぺあ〜くらぶ

■042-544-5911
■昭島市昭和町2-7-19
■JR青梅線昭島駅南口徒歩1分
■9:30〜19:00
■火曜、不定休あり

昭島駅のすぐ近くにある。バッグ・靴・傘(一部)の修理や合鍵作製のほか、ランドセルの小型作り直しも8400円で依頼できる。

衣類

おもしろや

■0422-22-8565
■武蔵野市吉祥寺東町1-11-21-101
■JR吉祥寺駅北口徒歩4分
■10:00〜18:00
■年末年始休み

古着物・古裂・帯の専門店。古いものは大正時代からの着物・帯が並ぶ。日本古来の伝統的なものから、現代風のものまで多種多様に揃う。

きもの倶楽部　三鷹本店

■0422-52-1172
■武蔵野市中町1-27-12　ハウスマリモB1F
■JR三鷹駅北口徒歩4分
■11:00〜19:00
■日曜休み

約3000点の着物が揃う、リサイクル着物専門店。手持ちの反物の仕立てやお直しも受けており、立川(042-526-6262)にも支店がある。

ハーモニー　立川本店

■042-525-7392
■立川市錦町2-2-11
■JR立川駅南口徒歩5分
■10:00〜19:00
■日曜

洋服のお直しと、靴修理の店。簡単な裾上げは30分ほどで仕上がる。ステッチの種類も豊富。靴の修理も多数のメニューがある。

すいーとこっとん

■042-481-1404
■調布市布田4-23-8 ライオンズヴィアーレ103
■京王線調布駅南口徒歩6分
■10:00〜18:30
■日曜休み

子ども服や関連用品のリサイクル販売。着物地を裂いて布に使い、裂き織り製品に仕立て販売している。簡単な裂き織り体験教室も随時開催。

第2章　暮らしを支える修理工房

身の回り品すべてが大量生産・大量消費のライフスタイルとなる以前、
生活に必要な実用品であっても、直して使い続けることが当たり前でした。
モノを大切にする暮らしを支える修理工房で、職人さんの仕事ぶりに接すると、
今すぐにでも修理をお願いしたくなります。

調布市・刃物

二見屋忠造商店

ふたみやちゅうぞうしょうてん

包丁やハサミを研いで使いやすく

鍛冶屋の四代目が行う鋸の目立て

京王線・国領駅から南へ徒歩10数分。品川通りに面して昭和の雰囲気ただよう店がある。正面に大きく「鋸《のこぎり》」の文字。中に入ると、いなせな鉢巻姿の店主・矢ヶ崎五郎さんが鋸の刃を研ぐ「目立て」の仕事中だった。

「昔、このあたりには二見屋という屋号の鍛冶屋が12軒あったんだよ」と、仕事の手を休めて矢ヶ崎さん。鍛冶屋といっても、一年中鋼を打つのではなく、夏場は田畑を耕して米や野菜を作り、農閑期の冬場になると、鍛冶仕事に精を出して鋸や鉈《なた》をこしらえ、深大寺のだるま市や年末年始の縁日で売っていたという。

「親方は鋸作りが得意でねぇ、鍛えられたよ」と、この道50年の矢ヶ崎さんは、父のことを「親方」と呼びながら語る。四代目を受け継いでから店を構え、刃物全般を扱うようになった。

●ていねいに鋸の目立てをする

鋸の目立ては神経を使う仕事だ。素人目には、先端がギザギザになった刃物にしか見えないが、スムーズに動くよう、ギザギザは平面ではなく、交互に反らせてある。そしてよく切れるよう、先端の

看板に大きく「鋸」とある「二見屋忠造商店」。刈り込みバサミや鋸・カンナなどの大工道具、包丁や裁ちバサミの販売と研ぎ・修理を引き受ける。
矢ヶ崎五郎さんが目立てをしている鋸は、長年の客である板橋の大工さんから頼まれたもの(下)。

とがった部分は刃の立ち方が左右で一つひとつ異なる。

そこで、目立て仕事はまず使い手のクセによる曲がりを直し、刃を交互に反らせて「アサリを出し」、刃研ぎに入る。矢ヶ崎さんはあぐら座を組んで身体を安定させ、専用の台にのせた鋸をヤスリでリズミカルに研いでいく。

目立て職人が少なくなり、切れなくなったら刃だけを取り替える替え刃式の鋸が使われるようになっている昨今。「ちゃんとした道

裁ちバサミは、まずネジをはずして2枚の刃を別々にし、刃先の曲がりを直してから研ぐ。試し切りをすると、薄い裏地布がすっと切れるようになった。曲がりを直し研いでもらって、料金は2000円。

具がなくなったんじゃ、大工は木造の家を建てようにも建てられないやね」。だからこそ、頼まれた仕事はていねいにやりたいという。

●裁ちバサミを研ぐ

二見屋忠造商店では植木用の剪定バサミや包丁など、刃物全般の研ぎと修理も引き受けている。そこで、長年使っている裁ちバサミの研ぎをお願いした。買ってから1回も研ぎに出したことがないので切りにくく、とくに薄地の布が切れずに困っていた。矢ヶ崎さんはハサミを見るなり「これは、落としたね」とひと言。落として刃先が曲がったために、より切れにくくなっているそうだ。

まず2枚の刃を留めているネジを外し、曲がりを直す。その後、電動ヤスリをかけて研いでいく。刃先に指を当てて研ぎ具合を見る矢ヶ崎さんの表情は真剣そのもの。「納得するまでやらないと気がすまないんだよ」と表情を一転、にっこりさせた。

帰宅後ハサミを使ってみると、布にハサミを置くだけですーっと切れていく。使い続けて再度切れにくくなったら研ぎを頼んで、一生使い続けていけそうだ。

■二見屋忠造商店

木場で大きい丸太を半分に切るときに使う「木挽き鋸（こびきのこ）」。鋸の目立てができる職人さんが少なくなった今日、遠方からも仕事の依頼がある。

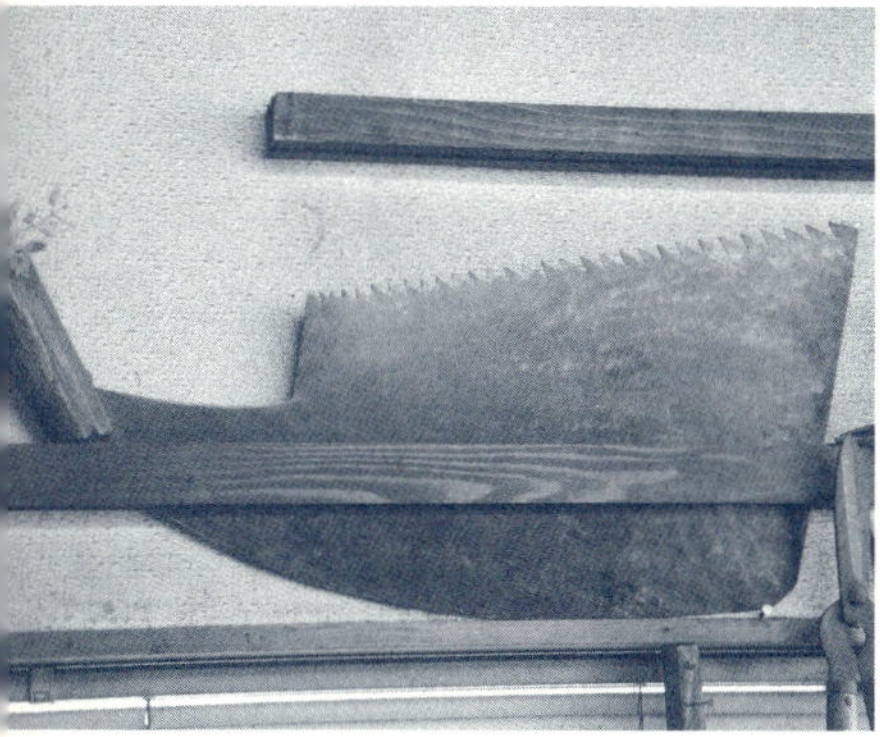

■042-485-7727
■調布市国領町7-5-10
■京王線国領駅南口から徒歩13分
■8：00〜20：00
■第2・4日曜休み
■駐車場あり

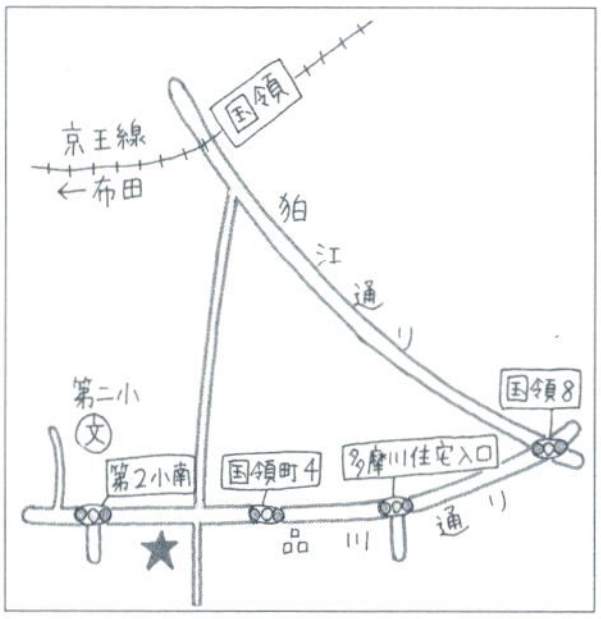

日野市・まな板

クリア

まな板削りは移動式の作業車で

プロの料理人に届ける職人のワザ

㈱クリアの川久保達也さんを知ったのは、テレビ番組だった。小型トラックの荷台を改装し、依頼があればどこにでも出張する。川久保さんが電動カンナを巧みに動かしてまな板を削ると、使い続けるうちに傷がつき、へこんでしまったまな板がたちどころに新品同様によみがえる。素人ではとてもできない職人ワザだ。さっそく取材を申し込んだ。

「実家が工務店なので、まな板を削ってほしいという注文が飲食店や食料品店から入っていたのです。仕事を手伝いながら、これはいけるかもしれない、まな板削り専門でやってみようと起業しました」と、川久保さん。起業にあたって、適正な料金体系を作るためと、料理人や食品専門業者のまな板へのこだわりをリサーチすべく、厨房機器関係の会社で修業。２００９年11月に会社を立ち上げた。

まな板を預かって削る業者はあっても、出張してその場で削る業態は、家庭用でも業務用でもなかった。出張料金サービスと仕事の確かさ・ていねいさを前面に押し出して積極的に営業をかけた。そして少しずつ知られるようになり、横浜の食品業者11社からの注文で、１日に30枚のまな板を削ったこともある。

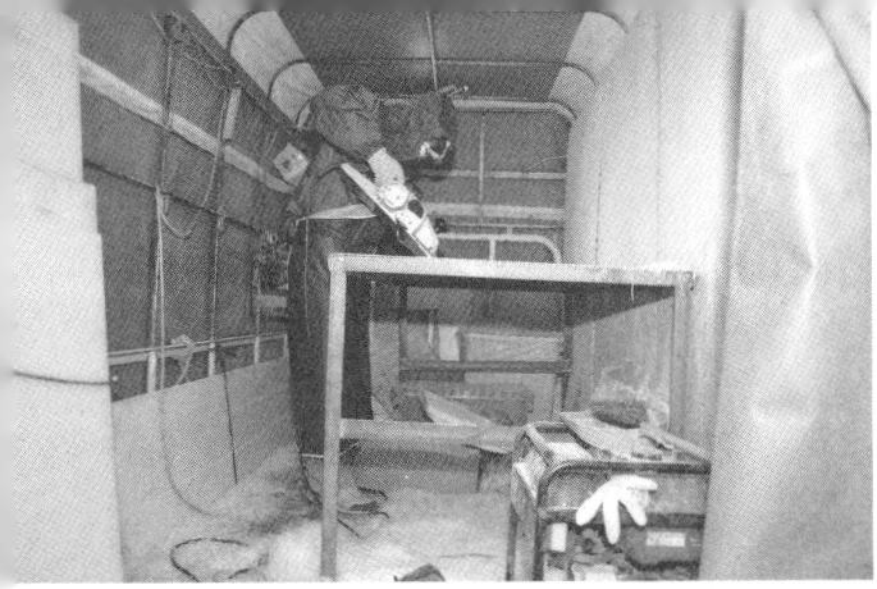

1.5 t のトラックを作業車として改装。片面を電動カンナで削ること数分、元の色がわからないほど汚れていたまな板が真っ白になった。その後グラインダーで表面を磨いて仕上げる。家庭用の場合は、町内会や近所で何軒かまとめて注文すれば、出張して削ってくれる。
「夢は全国に支店を持つこと」と、28歳の川久保達也さんは語る。ホームページは http://www.clear-coltd.com/

「まっ平らに削るだけなら、技術があればだれでもできます。どんな削り方をしてほしいのか、依頼主の希望をきちんとつかんでから仕事に取りかかることが大切です」と、川久保さん。

真ん中のへこみに合わせて両面を削ると、まな板全体が薄くなってしまう。そこで、まっ平らに削るのは片面だけ、もう片面はわずかな曲面を残すという裏ワザがあるという。

使いにくくなったからと買い替えるのではなく、削り直して使い続けることは、エコにもつながっている。

■0120-36-7113
■042-594-9786
■日野市百草1042-20　石坂ビル4F
■京王線百草園駅南口から徒歩21分
■10:00〜18:00
■無休(電話受付は
月〜金 10:00〜18:00)

西東京市・畳

澤畠畳店《さわはたたたみてん》

新しい畳で快適生活

表替えしたら、その日のうちに納品

畳の上にごろんと横になって、身も心もリラックス。カーペットでもフローリングでも味わえない畳の快適さは、ほどよい弾力と、「畳表」に使われているイグサの感触のおかげだろう。

1枚の畳に、4千~7千本も使われているというイグサ。細い茎の植物・イグサは刈り取られた後、畳特有のつややかな青色と、さわやかな香りを引き出すために「泥染め」の工程を経てから加工される。稲ワラを何層にも重ねた「畳床」を、ゴザのように編んだイグサの畳表でくるんだ畳。高温多湿の日本の気候に合った、天然素材100%のフロアマットだ。

●畳の部屋は多目的室

西東京市の澤畠畳店は、昭和41年創業の畳店。イグサの香りがただよう店では、店主の澤畠和雄さんと、創業者の父・昭郎さんとで仕事を分担しながら、畳の表替えに取りかかっていた。

「畳の部屋は客間にも、茶の間にも、家族の寝室にもなります。昔から日本では、和室を多目的室として使ってきました。現在の住宅で和室が少なくなっているのは、家族の横のつながりが薄れてい

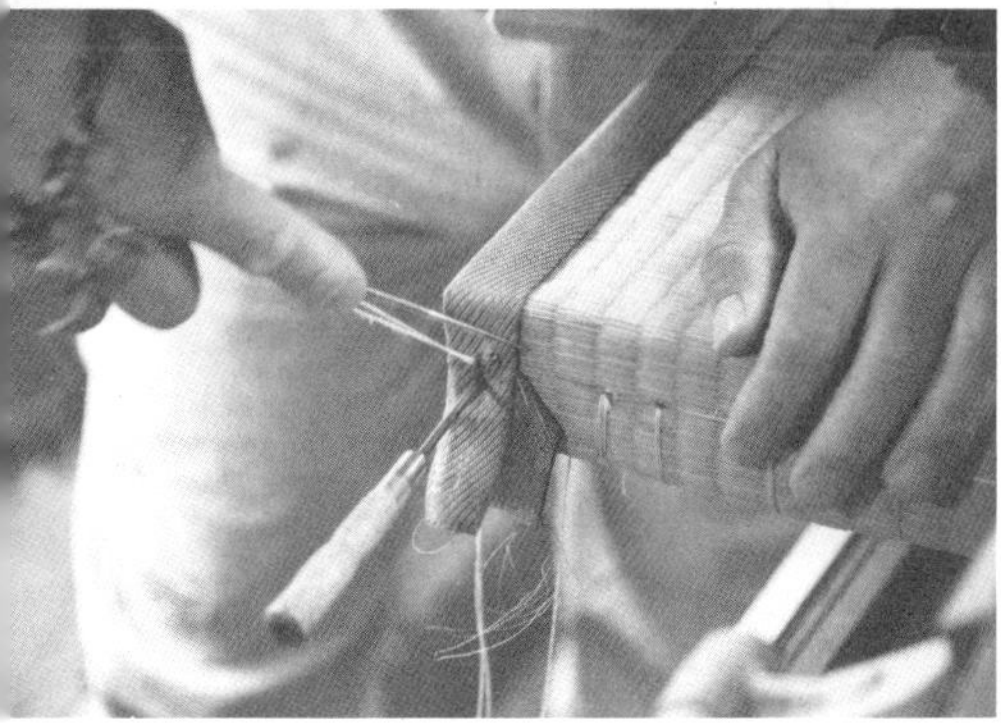

畳の表替えは、畳の土台の「畳床」に新しい「畳表」をはり、「畳縁」をつけて完成。厚さ5.5〜6cmの畳床に、大型ミシンのような機械で畳縁を縫いつけていく。作業には専用の機械を使うが、手作業の部分も多い。

ることと関係があるかもしれません」と和雄さん。

和室が少なくなった原因は、畳敷きの部屋を作るためのコストや工期など、住宅の工法の変化ともかかわりがあるという。団地の建て替えで全室フローリングの床になり、今まで畳の生活になじんでいたお年寄りにとって、暮らしにくくなったという相談もある。

「そういう方には、フローリング用の薄い〝置き畳〟をおすすめしています。畳屋の仕事は景気の影響をもろに受けますので、新た

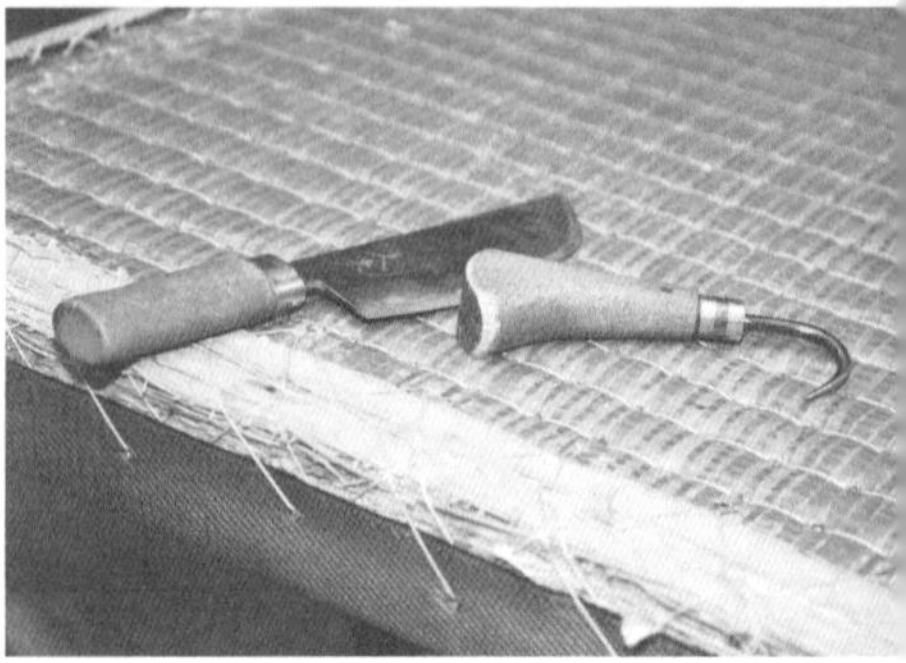

畳は、畳表を新しくする「表替え」、畳表を裏返して使用する「裏返し」をすることで、何十年でも使い続けることができる。表替えの料金は、畳表・畳縁の品質、畳の大きさにより、1枚5000〜2万円。見積もりは無料。

な需要を掘り起こしていかなければならないと思います」

●親子二代で手分けして作業

この日の仕事は、アパートの大家さんからの依頼。古い畳表をはずした畳床に、父の昭郎さんが新しい畳表を取りつけ、次に和雄さんが畳縁《たたみへり》を縫いつけていく。昭郎さんが開業したころは注文先の庭先などで、手作業、手縫いの表替えをすることが多かったが、今では店での作業が中心だ。

一般住宅の場合、畳の部屋は生活の場なので、何日も預かるわけにいかない。そこで、朝に畳を引き取って、その日のうちに表替えし、夕方までに納めている。1枚20～30キロもある畳を何枚も搬出・搬入する作業は重労働だが、親子二代でやっているので、3部屋分ほどの表替えは1日でやりとげる。

「イグサには森林浴と同じような効果があるそうです」と和雄さんが言うように、森林の香り成分のフットンチッドが含まれているイグサ。すがすがしい香りと心地よい肌触り、やはり畳なしの生活は考えられない。

■澤畠畳店

「いい畳は日焼けすると、きれいな飴色になります」と語る澤畠和雄さんは、1級畳製作技能士の資格をもつ。澤畠畳店では新畳の製作、置き畳の注文もなどの製作も受けている。

■042-422-9103
■西東京市泉町2-13-2
■西武池袋線ひばりヶ丘駅
南口から徒歩20分
■7:30～18:00
■日・祝日休み

三鷹市・傘

ハマヲ洋傘店《ようがさてん》

傘職人となって60余年

修理すればずっと使い続けられる

かつて傘は、骨が折れたら街の傘屋さんで修理してもらい、いつまでも使い続けるものだった。生地が破れると張り替えを頼むこともあった。それがいつの間にか、傘は骨が折れたら捨ててしまうものになってしまった。傘を持たずに出かけても百円ショップで気軽に買えるから、便利な世の中になったと喜ぶ人もいる。

今や傘は、使い捨てにするしかないのだろうか。気に入っていた傘の骨がさびて折れてしまい、捨てるには惜しいなあと悩みつつ、2ヵ月3ヵ月。もしかしたら直してもらえるかもしれないと、三鷹のハマヲ洋傘店に持って行った。

「大丈夫ですよ。すぐに修理できますよ」と即答してくれたのは、店主の鎌田智子さん。16歳で両国の傘職人のもとに弟子入りし、来る日も来る日も傘作りに専念し、23歳のとき三鷹に小さな店を借りて洋傘店を開いた。傘の生地を裁断し、専用のミシンで縫い、骨に取りつけていくという細かい作業。傘の仕組みがわかっているから、たいていの修理には応じられる。雨傘製作の技術力を生かして、最近ではオリジナル日傘製作の注文も受けている。

「この傘は関西方面で作られたものですね。生地の縫い方でわか

「安いビニール傘が出回るようになってから、周りの傘屋さんがどんどん廃業していきました」と、鎌田智子さん。「ハマヲ洋傘店」という店名は旧姓をそのまま用いている。ご主人も2人の娘さんも、傘職人・智子さんのよき理解者だ。

ります」。鎌田さんは関東と関西ではミシン掛けの方法が違うと話しながら、店にストックしてある部品を足して、10分もしないうちに折れた骨の修理を完了させた。決して高価な傘ではないのだが、「いい傘ですよ。修理すれば、ずっと使えます」と鎌田さん。なんだか自分がほめられたようにうれしい。また壊れたらうかがいます。これからもどうぞよろしくお願いします。

街の傘屋さんが少なくなった昨今、修理してもらいたいと遠方からハマヲ洋傘店を訪れるお客さんも少なくない。

■0422-43-1666
■三鷹市下連雀3-23-10
■JR中央線三鷹駅南口から徒歩3分
■9:30〜18:30
■無休

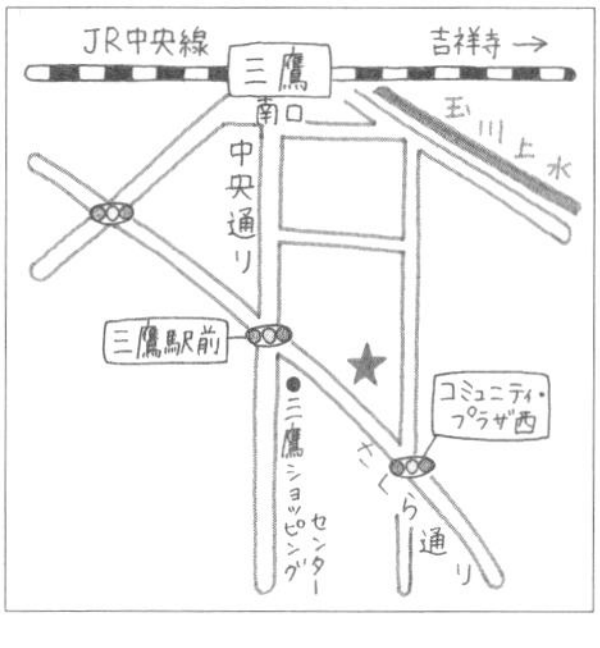

おしゃれ工房《こうぼう》 三鷹《みたか》センター店《てん》

衣類のリフォームならおまかせあれ

ファストファッション全盛の時代だけど

ＪＲ三鷹駅南口の三鷹ショッピングセンター内1階の「おしゃれ工房　三鷹センター店」に、あるときひとりの女子高生が来店し、スカート丈をうんと短くしてもらいたいと頼んだ。対応した店長の井村さんは心配になり、女子高生とじっくり話して、丈はほどほどに詰めるのがよいのではと提案。納得してもらった上で丈詰めの仕事を引き受けたという。

「納期を守ること、きちんと仕上げることは大前提ですが、どう直してさしあげるのが一番いいのか、お客さまの要望をちゃんと聞くことがとても大切です」と井村さん。

●スタッフは全員、縫製のプロ

お客さんからのリフォーム注文は、背広や制服のすそ直し、スカートやズボンのウエストの直しなどが多い。流行に合わせてズボンのすそ幅を細くしたい、スーツの襟を取り外したい、Ｔシャツの襟ぐりを深くしたいという注文もある。

ジャケットの裏地の取り替え、ワンピースをスカートに直すなど、お気に入りの服だからずっと着たいと来店する人も多い。

どんなリフォームにも対応できるよう、いろいろな色・太さの糸がそろっている。針の扱いにはとくに気を使う。縫い針は全部で4本、まち針は各自10本ずつ使うことと決められ、閉店時には本数を確認。使っている箇所がわかるよう、まち針には鈴をつけている（下）。

「昔の洋服は、今のものに比べて素材も縫製もしっかりしています。コートを何年も大切に着続けて、時計で袖口がこすれて傷んだからと、直しに出されるお客さまもいらっしゃいます」

ファストフードにならって、ファストファッションと称されるように、カジュアルウエアや紳士服、さらには流行最先端の若い女性向けのファッションまで、低価格の衣料が全盛の時代。新しい服を買うのもいいが、街に衣類のリフォームショップがあれば、ほ

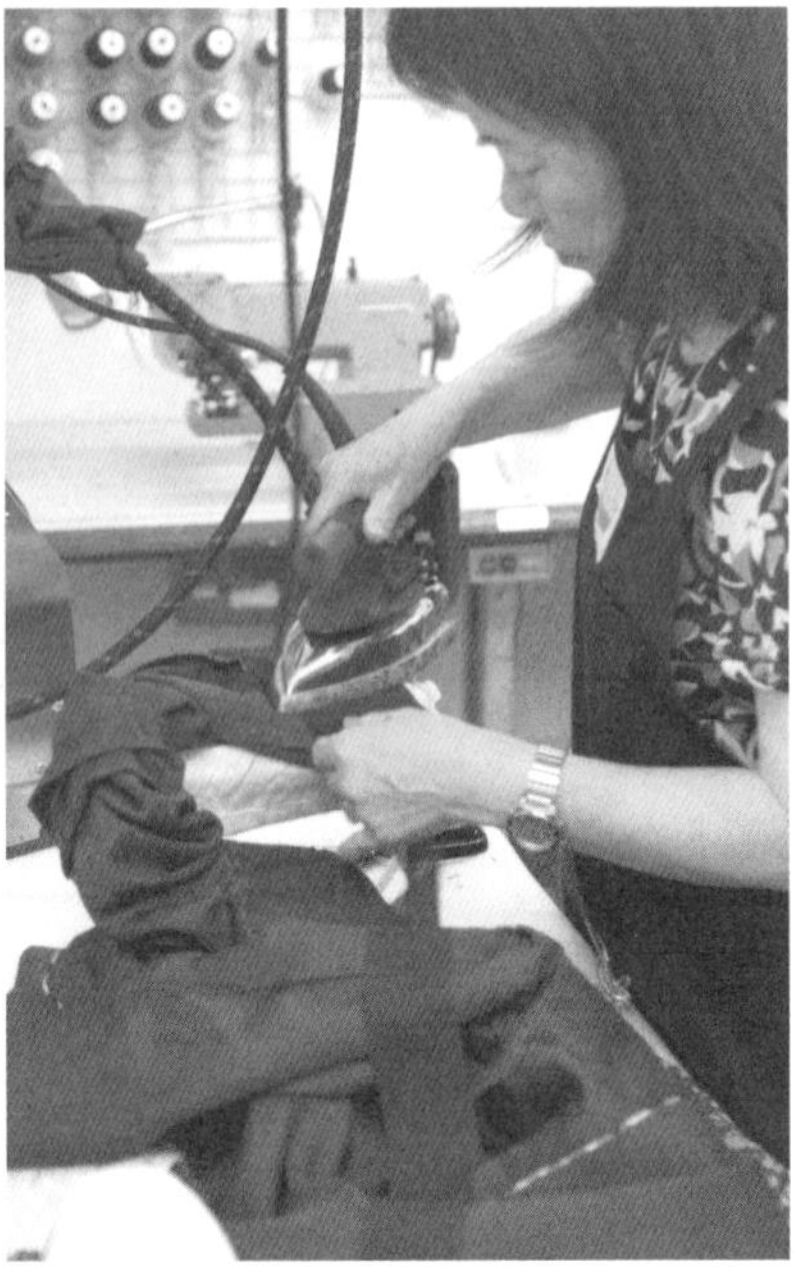

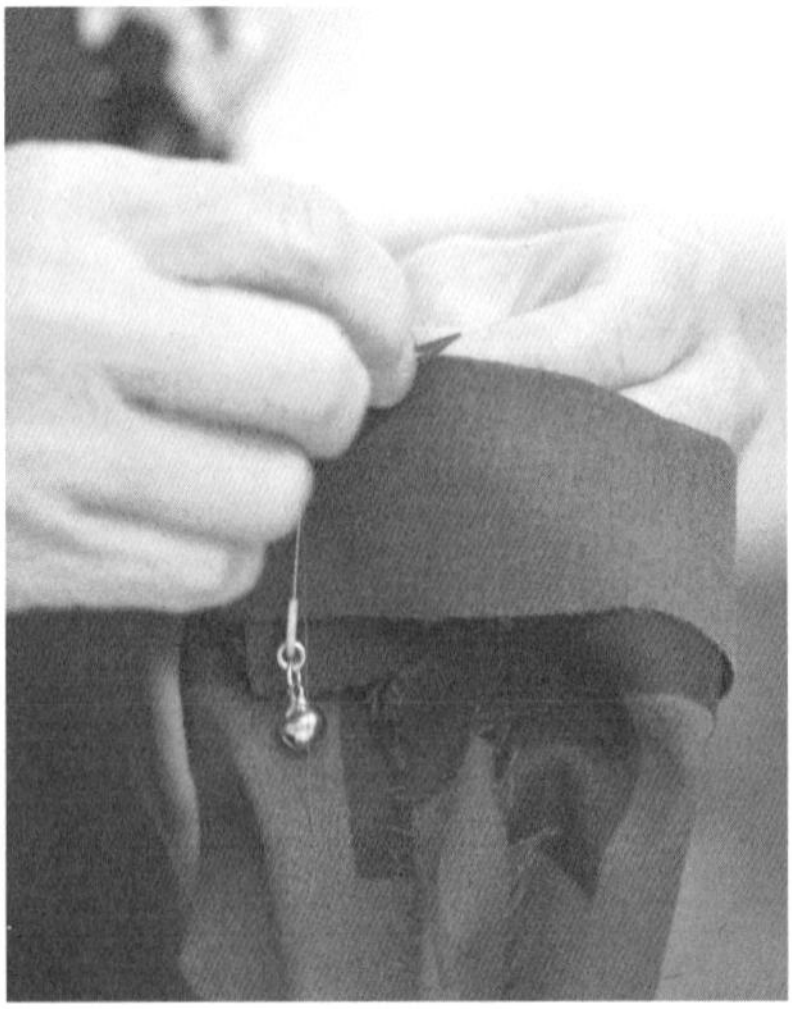

スーツの袖丈を2cm短くする
ボタンをとって袖口をほどき、丈詰め分2cmを切り、ほつれないよう表布にミシンをかけて、アイロンで芯を貼る。ボタンをつけて、表布と裏布をミシンで縫い合わせ完成。店長の井村さんは手間のかかる仕事を1時間ほどで仕上げた。

ころびたり、サイズが合わなくなった服の直しを気軽に相談できる。三鷹センター店のスタッフは、井村さんを含めて7人全員が洋裁のプロだ。そのひとり、70歳代の男性は紳士服の仕立て職人としての腕を買われて採用された。

「衣類のリフォームは、縫ってあるところをほどき、必要に応じて切ってから再度縫っていきますので、縫製とは逆の段取りで進めることになります。切りすぎたり、生地を傷めてしまわないようとても神経を使います」と話しながら、井村さんは女物のスーツの袖丈を2センチ短くする仕事に取りかかった。

■おしゃれ工房　三鷹センター店

㈱おしゃれ工房の本社は立川にあり、全国に190軒の支店。バッグなどの修理、普通の服をリメイクして介護服に直すなどの注文も受けている。

■0422-46-7785
■三鷹市下連雀3-28
三鷹ショッピングセンター1F
■JR中央線三鷹駅南口から徒歩3分
■10:00～19:00
■木曜休み、不定休あり

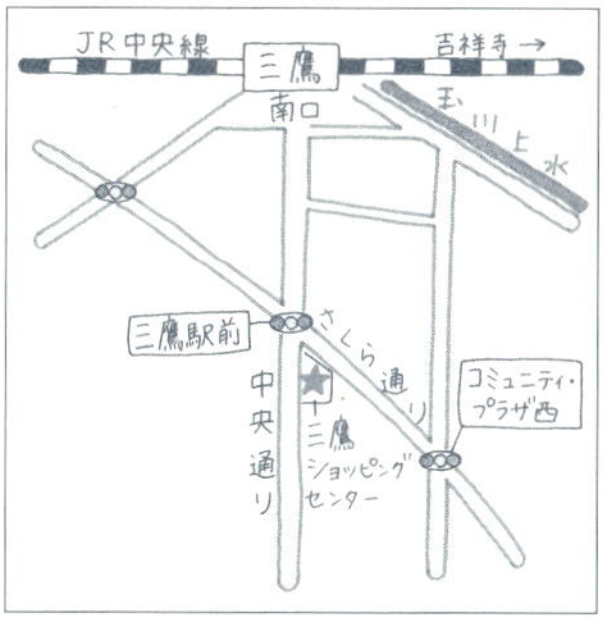

かけはぎ屋《や》

服にあいた穴やかぎ裂きを完璧に修理

細かい手仕事でていねいに繕うプロのワザ

引っかけたりこすれたりして衣服にできた穴やかぎ裂《ざ》きを、極力目立たないように繕う技術「かけはぎ」。手先が器用で日本刺繍の趣味をもっていた鈴木富美子さんが、かけはぎの技術を身につけようと思い立ったのは、手に職をつけるためだった。

当時、荻窪で開業していたかけはぎ名人のもとで下請け仕事をしながら技術を習得し、腕を認められ独立して14年。デパートやクリーニング店、リフォーム店からの依頼を引き受けている。

鈴木さんは自宅2階の工房で、ウールのズボンにできた小さなすりきれを補修する仕事に取りかかった。ズボン生地と同じはぎれ（共布）を3センチ角ほどに切って布端をほどき、表からすりきれの箇所に当てる。そして糸でループを作った針を裏から通し、共布の織り糸を1本1本裏に引いていく。共布がない場合は、裾裏やポケットなどから取り、その部分には後で当て布をするという。

かけはぎにはいくつかの技法があるが、鈴木さんは「差し込み式」といわれる方法だ。かけはぎで補修できるのはウールのズボン、スカート、コートなど。ニットやナイロン、ビロードなどは難しい。

「最近は男性の背広離れが進んでいるので、10年ほど前に比べて

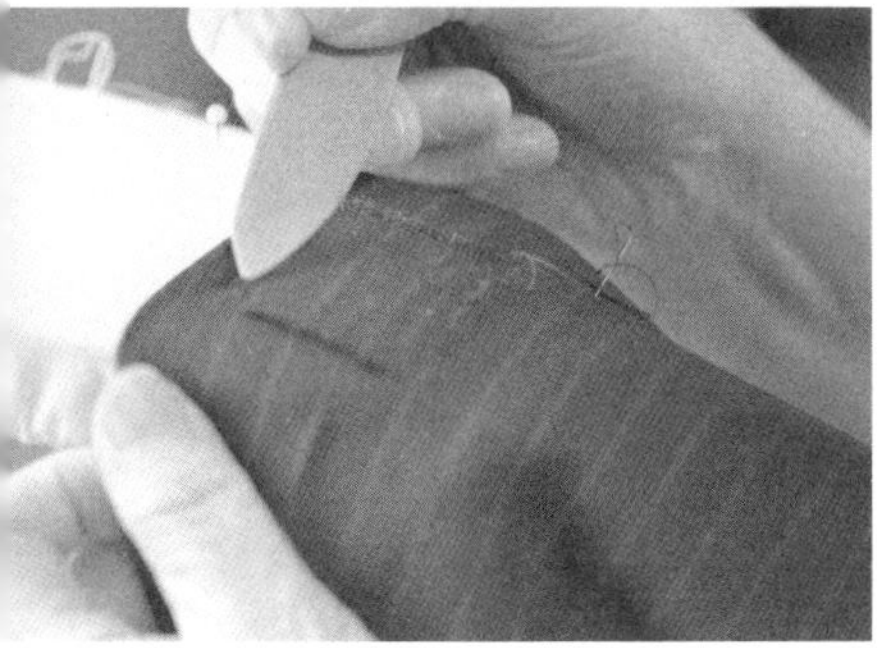

ヘラでなじませ、かけはぎ部分が外れてしまわないよう細かい針目で縫いつけて、1カ所のかけはぎが完成する。
「かけはぎ屋」では一般の人からの注文も受けつけている。「どれくらい目立たない仕上がりになるか、納得してもらってから仕事を引き受けたいので、必ず一度お電話ください」と鈴木さん。

かけはぎを頼む人が減りました」と、鈴木さん。安価なできあいの服を購入し、傷んだら修理しないで買い替える人も増えている。

「どうしたらキズが目立たないようにできるか、納得するまでつきつめてしまうのです」

マニュアルのない仕事なので、布の織り方、キズの大きさによってどのようにかけはぎするかを考える。

鈴木さんは共布の織り糸をすべて裏に通したら、アイロンをかけながらヘラでズボンの生地になじませていく。どこに共布を当てたかわからないほどの完璧な仕上がり。魔法を見るようだった。

■042-476-3788
■東久留米市南町4-6-18
■西武新宿線花小金井駅北口から
徒歩31分
＊要問い合わせ

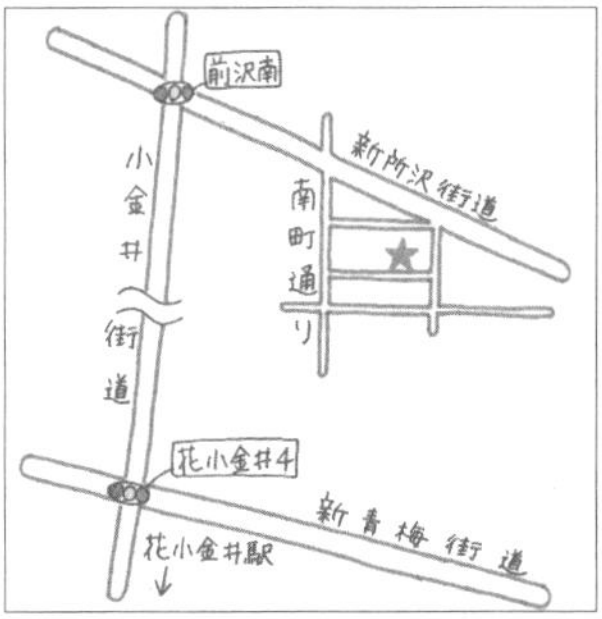

column 1

ちょっと昔の衣食住

―昭和40年ごろの暮らし―

　１９６４年の東京オリンピック翌年から始まる昭和40年代、戦後の高度経済成長期を経て世の中は大きく変わりつつありました。とはいっても、今日のようにモノが潤沢にあるのではなく、生活用品は修理して使い続けることが当たり前の時代でした。

　暮らしの中にリユース、リサイクルが息づいていた、ほんの40数年前。どんな暮らしが営まれていたのか、衣食住を振り返ってみましょう。

　食生活の場面では、ファストフードやデパ地下惣菜はもちろん普及しておらず、コンビニ弁当もありません。食事といえば、朝食と夕食は家庭料理、昼食は弁当か給食で、ご飯と汁物、おかずを組み合わせたシンプルな献立が一般的でした。

　そしてこの時代、三種の神器といわれた白黒テレビ、電気洗濯機、電気冷蔵庫は、すでにほとんどの家庭に行きわたっていました。ただし、冷凍食品が出回り、それとともに電子レンジが普及するのは昭和50年代以降のこと。冷蔵庫は申し訳程度に製氷室のある小型のもの、洗濯機は全自動ではなく、洗濯槽と脱水槽に分かれた二槽式やローラーで絞る一槽式でした。そして食事をとる食卓は、都会では畳に座るちゃぶ台から椅子式のダイニングテーブルへ、農村では、囲炉裏からこたつへと移り変わる時期でした。

　食卓は欧米式になっても、生活の中心は畳の部屋です。畳の部屋は客間としても、寝室としても使えるという融通性があり、また、ふすまを取り外せば広間となることから、農村ではまだ自宅での冠婚葬祭がごく普通に行われていました。畳は1年に1回、大掃除のときに上げて干し、また、畳表が傷んできたら畳屋さんに来てもらって、表替えをしていました。

　畳の生活の夜具は、押入れに収納して上げ下げする布団です。布団は嫁入り道具に欠かせない家財道具であり、何年かごとにワタを打ち直しに出して使い続けていました。ワタの打ち直しだけを製綿工場に頼み、自宅で布団に仕立てる家も多くありました。

　着るものは、オーダー服から大量生産の既製服へと移り変わりつつありましたが、各家庭にはミシンが普及し、子ども服や普段着はよく手作りされていました。一方で、一年中を和服だけで通す女性も珍しくありませんでした。

　そして昭和45（1970）年、大阪で開かれた万国博覧会をひとつの区切りとして、暮らしはさらに大きく変わり、生活用品は修理して使うより新品に買い替える方がてっとり早いという時代になってしまいます。しかし近年になって、そんな使い捨ての暮らしが見直され、モノを大切にするライフスタイルが定着しつつあります。

　昭和40年ごろの暮らしには、エコライフのヒントが隠れているかもしれません。

町田市・寝具

とりしん山崎店《やまざきてん》

打ち直しができる木綿ワタの布団

布団職人による昔ながらの布団作り

「とりしん山崎店」は、町田市の住宅街にある小さな布団店。手作り布団など各種寝具の販売だけでなく、布団の「打ち直し」の注文を受けている。「うちでは木綿ワタの布団をおすすめしています。日に当てるとふっくらし、熱がこもりません。足しワタをしながら、4回ぐらいは打ち直しできます」と店主の坂本康男さん。

今では羊毛、羽毛、合繊などさまざまな布団素材があるが、ひと昔前まで布団ワタといえば木綿であり、何回も打ち直して使うものだった。硬くなったワタを機械にかけて、繊維をときほぐし、汚れやダニなどを取り除く「打ち直し」。とりしんでは、お客さんから預かった布団のワタを打ち直し工場に出し、引き取った後、専門の布団職人が仕立てている。

●布団の打ち直しは環境にも優しい

ある日、とりしんを訪ねたところ、店2階の和室では布団職人の石田豊さんが仕立て仕事の真っ最中だった。

すでに6枚仕上げた布団のうち、1枚は木綿ワタ100%の赤ちゃん用敷き布団。「出来あいの合繊布団より、手作りの木綿ワタの

「布団を買うなら、リサイクルできるものがおすすめです」と、とりしん山崎店の坂本康男さんと智美さん。
手作り布団を注文するときは、さまざまな生地から好みの柄を選ぶことができる(下)。

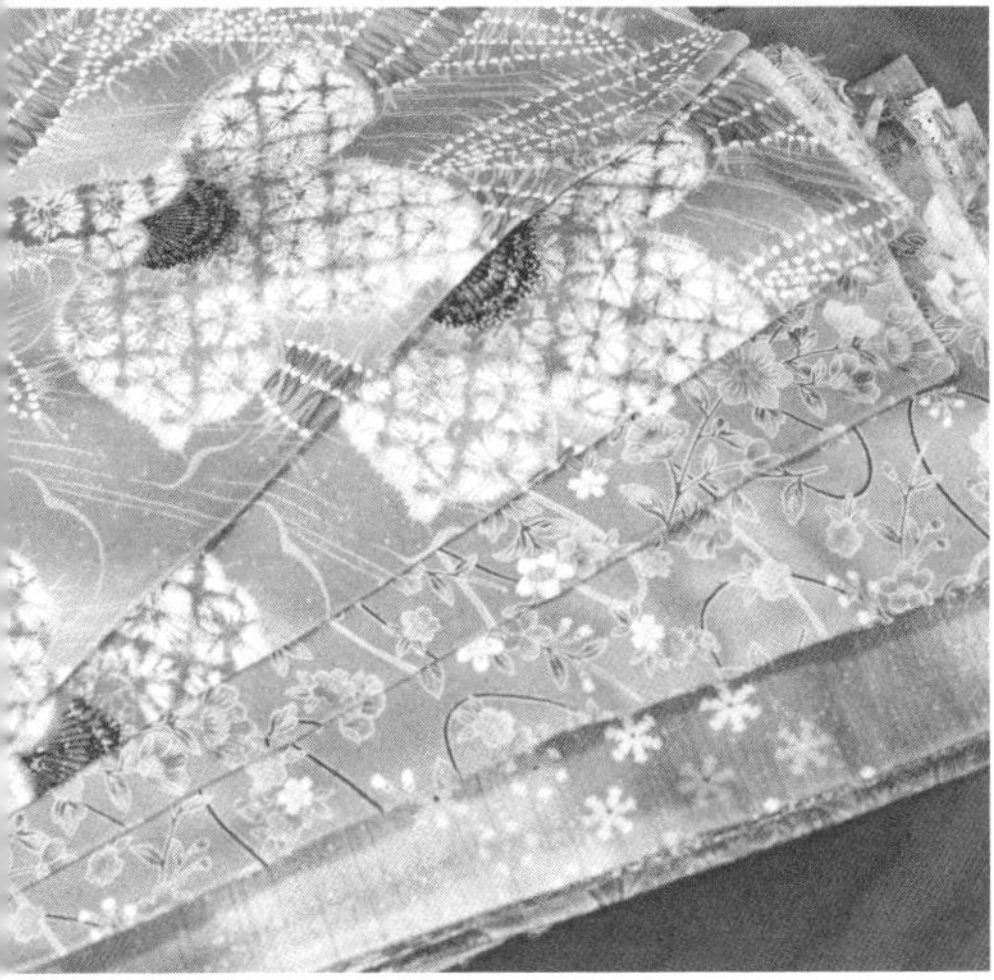

布団の方がよく寝てくれるからと、長年のお客さんから注文があったのです」と、店主の奥さん・智美さんが教えてくれた。

石田さんは大人用敷き布団の布団側《がわ》の上に、打ち直したワタを広げながら、布団の大きさに巧みに折りたたんでいく。18枚のワタを組み合わせたら、くるりと返し、アキ部分を糸で縫い綴じ、12カ所を留めて房をつけ、寝心地のよさそうな敷き布団が完成した。

中学卒業後、新橋の布団店に住み込みで働き始めた石田さんは、

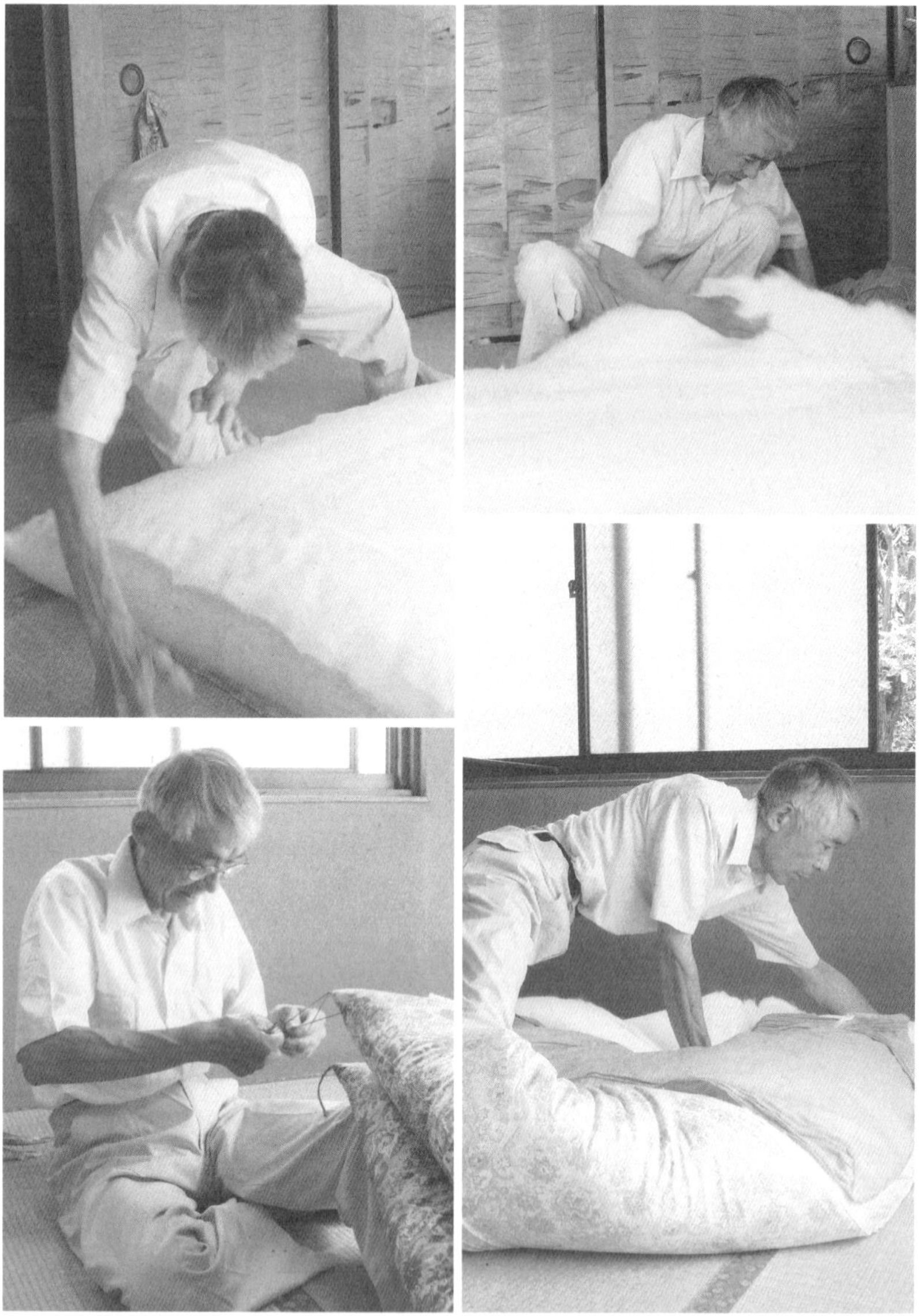

布団の仕立て

とりしんではすべて手作り。布団職人の石田豊さんは、坂本智美さんが縫った布団側に、18枚のワタを組み合わせて敷き布団を仕立てる。4年に1回ほどの割合で打ち直しをして足しワタをすれば、16年は使える。

親方や先輩の布団仕立てのワザを見よう見まねで習得し、以来この道50余年の現役。「身体が続く限りはこの仕事を続けたい」と、にこやかな笑顔で語る石田さんに、職人魂を見る思いだった。

真新しい布団には打ち直した日付、使用したワタの枚数などを記入したタッグをつけ、一両日中にお客さんに届ける。

「粗大ゴミでもっとも多いのは布団だそうです。打ち直して何回も使うことは、地球温暖化を防ぐことにもつながります」と、坂本さんは言う。人間の一生の中で、3分の1は睡眠時間。快眠できる布団を選ぶことは、大きなぜいたくかもしれない。

■とりしん山崎店

「とりしん」は、叔父が経営していた「トリオ製綿」の愛称からとった店名。昭和59年の開業以来、お客さんとのコミュニケーションを大切にしている地域密着の寝具専門店。ホームページは http://www.shingu-torishin.com

■042-791-3402
■町田市山崎町1-1-1
■JR町田駅から「山崎団地」行きバスで「木曽入口」下車徒歩5分
■10:00～19:00
■水曜休み
・打ち直し
＊綿100%布団　掛け布団・敷き布団
　1枚6820円～（足し綿は1枚600円増し）

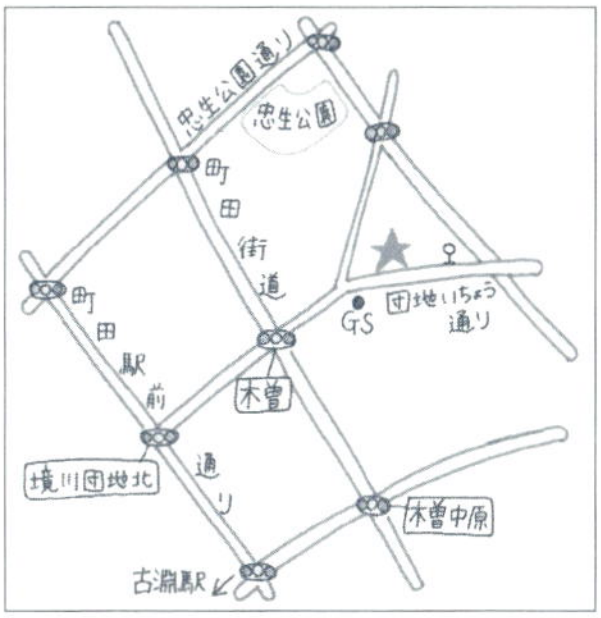

清瀬市・靴

マイスターシューズ澁屋《しぶや》

「整形外科靴マイスター」の店

足のトラブルがあっても歩ける靴を

たとえば、足の親指が変形して、小指側に曲がってしまう外反母《がいはんぼ》趾《し》。ひどくなると、既製の靴は履けないほど痛くなることもある。O脚やX脚、魚の目やタコがあっても歩きづらい。また、関節リウマチや糖尿病などの病気、生まれつき左右の足の長さや大きさが違うなど、さまざまな足のトラブルがあると歩くことが困難になる。

明治以降に靴を履き始めた日本人とは違い、ヨーロッパの人々は靴との付き合いが長く、足のトラブルを抱えた人のための靴が工夫されてきた。ドイツでは整形外科医の依頼を受けた靴職人たちが、普通の靴を履けない人のための靴を作り始め、「整形外科靴マイスター」という上級国家資格が生まれた。医療的に役立つ靴作りの親方となるのは容易なことではない。

●7年間かけてマイスターに

「サラリーマンとして働きながら下駄屋だった祖父のことを思い出し、自分には今の仕事より職人の方が向いていると、靴作りや靴の修理に関心が向いていったのです」と語るのは、「マイスターシューズ澁屋」店主の澁澤始さん。

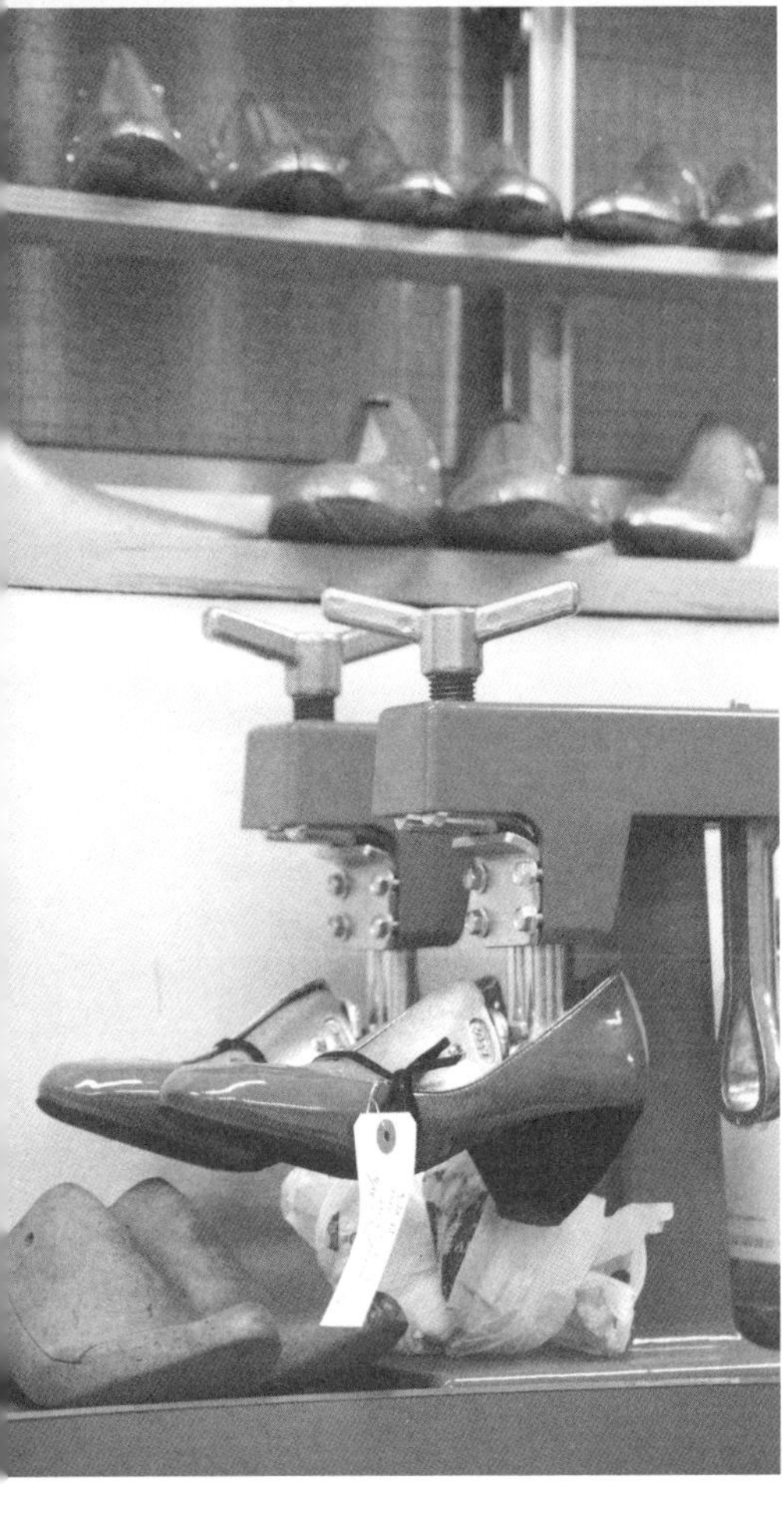

日本の「義肢装具士」は、手と足の障がいを治療するための義肢・装具を製作する国家資格。これに対してドイツ上級国家資格「整形外科靴マイスター」は、足のトラブルを解決するための医療的靴やインソール（足底板）の製作を専門とする。

うつうつと働いていたある日、情報誌で整形外科靴職人のための留学生募集を知る。留学の条件として、ドイツ語ができること、靴関連の仕事経験があること、30歳以下であることとあり、3点とも満たしていなかったが、どうしても留学したいと相談した。

その熱意が伝わって、オランダ国境近くのボッホルトという町で修業し、マイスター（親方）になるためのゲゼレ（職人）の資格を取得した。そしていったん帰国し、3年後に再度ドイツへ。1年

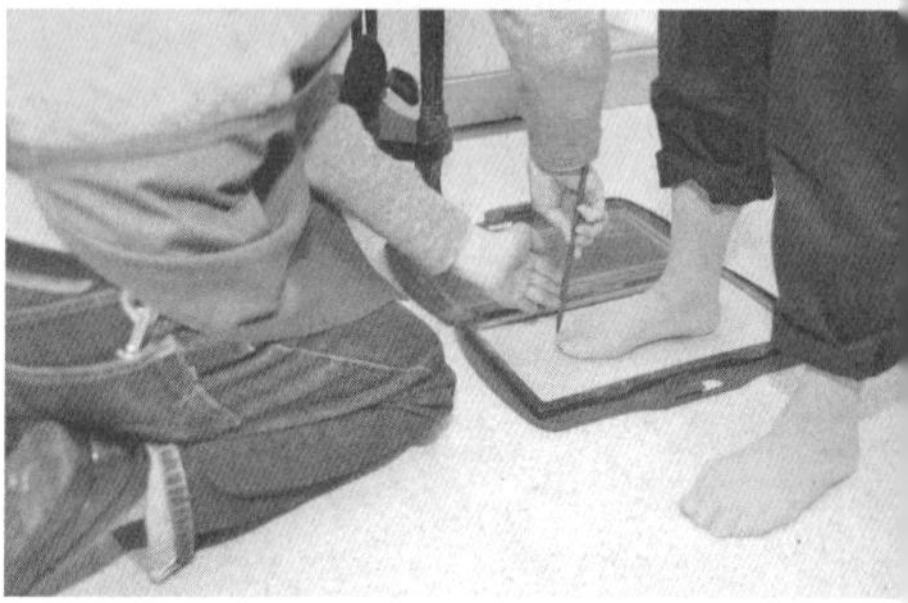

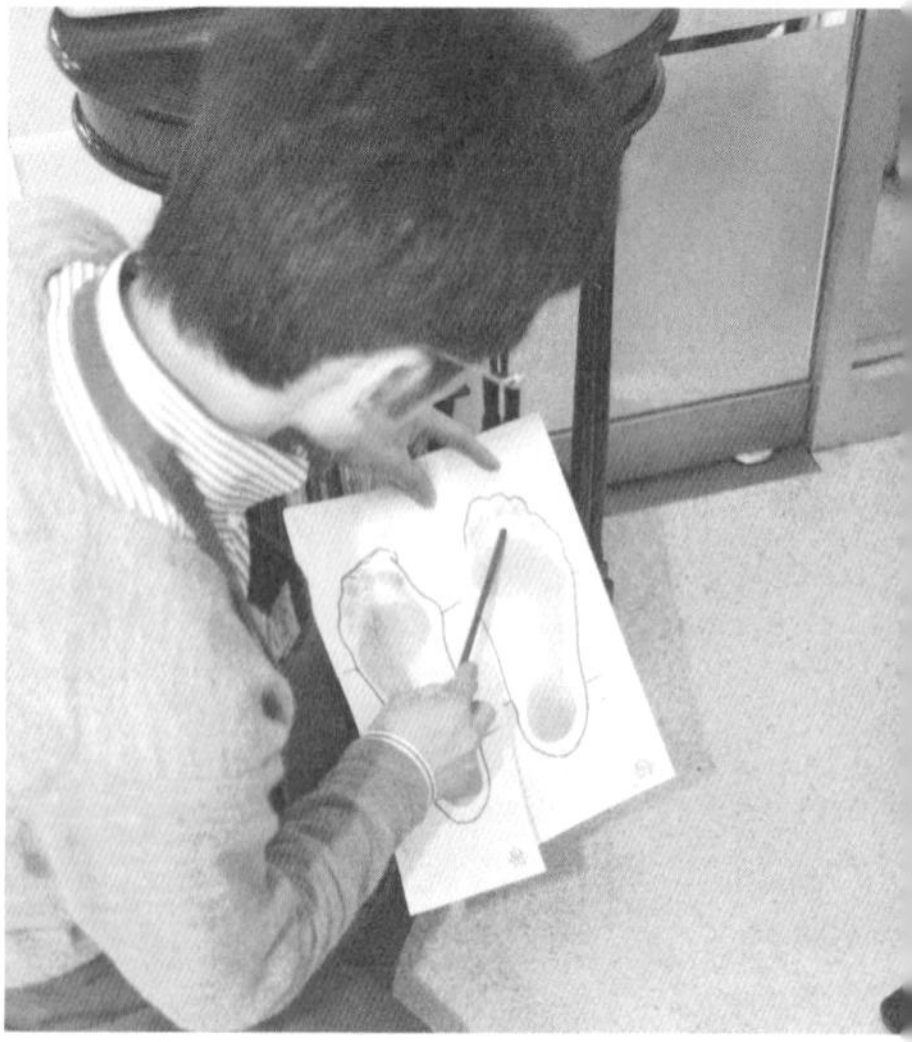

個人仕様の靴やインソール製作の際には、フットプリンターで足底圧を測定する。「日本の暮らしでは靴を着脱する回数が多く、そのため足に合わない靴を履いている人が多い」と、澁澤さん。

間修業し、靴作りの実技、整形外科の知識などについての学科、簿記、教育の4分野の試験に合格。試験はもちろん、すべてドイツ語で行われた。

「マイスターになるまで7年間かかりましたが、30歳を過ぎて始めたので、中途半端ではいけないと思ってがんばりました」と語る。

●靴はコミュニケーションの道具

資格を活かして、整形外科靴の製作や修理の相談に乗りたいと、

■マイスターシューズ澁屋

店名の「澁屋」は名字の澁澤から。シューフィッター、福祉装具専門相談員の資格ももつ。店ではカバン、傘、杖の修理、合鍵作製も。

■042-491-7733
■清瀬市松山1-18-4
■西武池袋線清瀬駅南口から徒歩3分
■10:00～20:00
■木曜休み

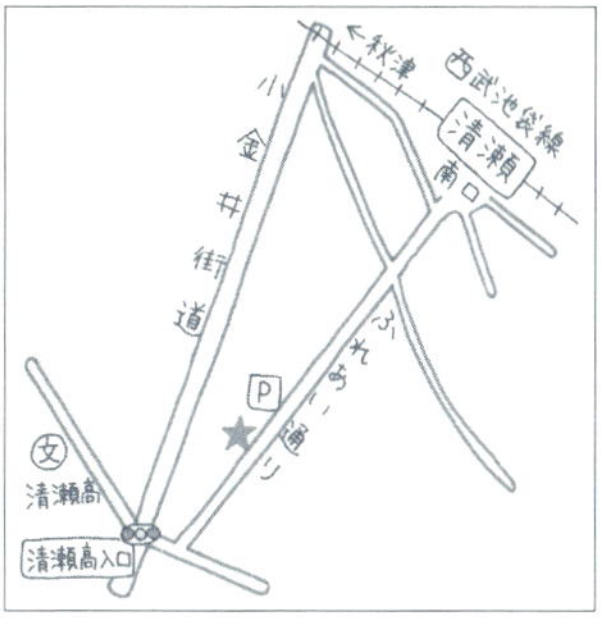

２００７年、病院などの医療機関が多い清瀬市に店を開いた。機械をあと1台そろえれば、足にトラブルを抱える人のための整形外科靴の製作に本格的に取りかかることができる。

店では既製の靴の調整もやっている。「痛いけど我慢して履くのではなく、ヒールを1センチ短くしたり、インソール（足底板）を使うだけでもずいぶん歩きやすくなります」と澁澤さん。

「靴は気持ちよく暮らすためのコミュニケーションの道具です。そのための手助けをしたい」というひと言に、澁澤さんのマイスターとしての姿勢が凝縮されている。

八王子市・自転車

出張修理《しゅっちょうしゅうり》、じてんしゃ屋《や》

工具を車に積んで、自転車の出張修理

修理すればずっと乗り続けられる

寝食を忘れてしまうくらい、機械いじりが好きだった坂本幸義さんが出張修理専門の「じてんしゃ屋」を開いたのは、１台の古い自転車との出合いからだった。

　老舗メーカー・丸石自転車製と１９５０年代モデル・ホンダの自転車取りつけエンジンを手に入れ、２、３台分の自転車部品を使って乗れるようになるまで夢中で修理。気づいたら自転車のことにすっかり詳しくなり、ついに勤めをやめて12年前に起業した。

　出張エリアは八王子市、日野市、多摩市、相模原市と町田市の一部。もっとも多い依頼はパンク修理だが、急いでかけつけるとパンクではなく空気が抜けているだけのこともある。「そういう場合は、空気の入れ方を説明し、自転車は修理すればいつまでも乗れることをお話しします」と坂本さん。一般自転車のタイヤ交換、ブレーキ交換などの修理全般を引き受ける。

　車には常に、折りたたみ式の修理台を積んでいる。出張修理なのでお客さん宅の玄関先や空き地で修理することになるが、タイヤ交換のために車輪を外すとき、預かった自転車を地面に直に置いて汚したくない。そこで自分で設計し、部品を集めて手作りした。工具

坂本さんは自転車組立整備士、自転車安全整備士の資格をもつ。
古い原動機付自転車のエンジンは1952年製のホンダ、本体は戦前に作られたもののようだったが、部品を集めて修理したら乗れるようになった(下)。

入れのバッグも、これまた手作り。古いジーンズの脚の部分を切って縫い合わせ、取っ手をつけたら便利な一品が出来上がった。

「お子さんの高校入学のとき買った自転車を、高校を卒業しても捨てられない。これからは自分が乗りたいので修理してほしいという親御さんから相談があったときは、うれしかったです」

坂本さんのポリシーは、「自転車を使い捨てにしたくない」ということ。たとえ錆びた自転車であっても、修理して乗ってほしいので、出張料金不要、低めの料金設定にしている。

■090-2901-4766
■9:00〜22:00
■水曜・大雨・台風・大雪休み
＊パンク修理　1000円
＊チューブ交換　前輪1800円
　後輪2300円

寝具

けやき寝具店
■042-536-4077
■立川市若葉町1-10-1
■JR立川駅北口から「砂川九番」行きバスで「幸町三丁目」下車徒歩5分
■10:00〜19:00
■木曜休み

布団の原料を輸入状況から加工まで入念にチェックする、誠実なサービスが信条。布団の打ち直しは、急ぎの場合1日で仕上げてくれる。

寝具の石川
■042-524-1333
■立川市栄町4-23-1
■多摩モノレール立飛駅徒歩7分
■10:00〜19:30
■木曜休み

創業70年以上の老舗寝具店。アレルギー対応の「パシーマ」や、体圧分散タイプの「ムアツぶとん」など、健康を考えた商品を取り揃えている。

ふとんの丸屋
■042-522-5387
■立川市羽衣町2-17-9
■JR南武線西国立駅徒歩7分
■10:00〜20:00
■日曜休み

布団職人による熟練したワザで、一枚一枚ていねいに打ち直しをしてくれるお店。羽毛布団のリフォームも可。

ふとん工房　もりや
■042-361-4322
■府中市新町3-6-2
■JR国分寺駅南口徒歩16分
■9:00〜19:30
■月曜休み

創業50余年の信頼と実績で、一人ひとりのニーズに合った布団選びをアドバイスしてくれる。

ふとんのトミー初夢
■042-374-4567
■多摩市東寺方1-8-39
■京王線聖蹟桜ヶ丘駅西口徒歩4分
■10:00〜19:00
■水曜休み

綿や羽毛布団はもちろん、羊毛・整圧など様々な種類の布団が揃う。綿布団の打ち直しや羽毛布団のリフォームも行なっている。

石川綿店
■0120-0260-85
■あきる野市山田894
■JR五日市線武蔵増戸駅徒歩8分
■9:00〜19:00
■日曜休み

大正10年創業の工場直営布団店。木綿の布団にこだわって営業しており、打ち直しでふっくらと、まるで新品のようによみがえる。

家具

大貫木工所
■042-583-4663
■日野市神明4-1-2
■JR中央線日野駅徒歩12分
■8:00〜18:00
■日曜休み

家具製作、修理、木材加工、イス・ソファの張り替えなど。ほかのお店で断られた修理も受けてくれるので、まずは電話などで問い合わせを。

ムラタ家具修理工房
■042-667-4456
■090-4814-7891
■八王子市元本郷町3-5-16
■JR中央線西八王子駅北口徒歩10分
■水曜休み

イスの張り替え・家具の修理。イスの生地は300種類以上から選べ、テーブルやタンスなどの汚れや傷も、塗装で見違えるように美しくなる。

宮本家具装飾
■042-554-0030
■羽村市羽加美4-19-32
■JR青梅線羽村駅西口徒歩21分
■8:30〜18:00
■日曜休み

イスやソファが張り替えで新品同様に生まれ変わる。インテリアに合わせたコーディネートを提案してくれるので、安心して依頼できる。

宝飾

北村ゆびわ店
■042-551-0493
■福生市本町8-4
■JR青梅線福生駅西口徒歩6分
■10:00〜19:00
■日曜休み

三代目店主が営む、オリジナルリングのデザインやリフォームの宝飾店。リングのサイズ直しは2000円〜、チェーン直しは1000円〜。

第３章　古いものはタカラモノ

古いから困りもの、ではなく、
古いものの中にタカラモノを見つけた人々に出会いました。
ことさらエコロジーのためと気負わなくても、
もったいないから役立てたいし、楽しみたい。
モノをいとおしむ暮らしには、豊かさの鍵が隠れています。

青梅市・雑貨

オシドリ良品店《りょうひんてん》

愛着のある、古いものと新しいもの

若い夫婦が山里に開いた、なごみのスペース

青梅から成木街道に入り、新吹上トンネルを抜けて右に曲がると、あれっ、こんなところに？ と思うような山里に一軒の店がある。

看板には丸い文字で「オシドリ良品店」とあり、店に入ると骨董品の皿、古いイス、レトロなガラスのコップ、ほうろうの容器、青梅の土を使って焼いた器、布ぞうり、銅板のカードスタンド、木のおもちゃ…。手ぬぐいや亀の子たわしも置いてある。

身の回り品や道具類が、一見雑多に並べられているようだが、その一つひとつに物語があるようで、見ているだけで楽しい。樹木を伝って吹き抜ける風の心地よさに、ほっとくつろいだ気持ちになる。

●生活全般を見直したくて

倉庫を改装し、大矢将司さん・絵理子さん夫婦が2008年7月に開いた店。開店のいきさつの前に、2人の出会いをたずねてみた。

木々の緑に囲まれた「オシドリ良品店」。6〜7月になると、店のすぐ近くを流れる北小曽木川にホタルが舞う。お弁当をもって子ども連れで来店するお客さんも。

「縄文杉を見たくて、屋久島に旅行したとき出会いました。話をするうちに、自分と同じ価値観をもっている人がいるんだと驚きました」と絵理子さん。

ともに東京でインテリア関係の仕事をしていた2人は、それから結婚。娘が生まれ、アトピーが出たことから、今までの都会的で洗練された暮らしとは何だったのかと、生活全般を見直すようになった。

「使い捨ての世の中だけど、道具などに傷がついたから捨てるのではなく、傷そのものに愛着がわくような暮らしを提案したいと話し合うようになりました」

店の外装、内装、さらにはイスの張り替えもやってしまう夫の将司さんは、昔の工具や農具への興味から、溶接の技術を学ぼうと鉄工所で働いているという。

2羽のオシドリが仲よく向かい合う店のロゴは、将司さんと絵理子さんの夢を託すスペースという意味だけでなく、人と人とのつながり、古いものと新しいものとのつながりを表している。

倉庫を改装したスペースに、古いものと新しいもの、生活用具や道具類、そして想像力をかきたてる品々が違和感なく並んでいる。折々にイベントも開催。取材時には「マスキングテープ展」が開かれていた。ホームページにネットショップも開設。ホームページはhttp://www.oshidori-sou.com/
左は大矢絵理子さん。

●作家さんたちをつなぐ場としても

オシドリ良品店のキーワードは「愛着」。自分で作ったもの、だれかからもらったものや職人が心をこめて作ったものを大事にしたい。

昔、収穫した穀物の選別に使っていた篩《ふるい》をインテリアとして飾る、英文字の活字をマスキングテープで留めてスタンプに、べっこう飴の型をオブジェやフックとして活かすなど、自由自在な発想を提案。「昔のものは、完成された面白さがありますよね」と絵理子さんが言うように、縁が欠けた壺や動かなくなった時計が、懐かしい何かを語りかけてくれることもある。

しかし、それにしてもなぜこんな人里離れたところに店を開いたのだろうか。

「青梅近辺には陶芸や木工、染織、指物《さしもの》などの作家さんの工房がたくさんあります。作品を展示し、作家さんたちをつなぐ場としても使ってもらいたかったのです」

オシドリ良品店

店から車でごく近くに「入《いり》工房」を開く上泉秀人さんは、青梅の土を使って普段使いの焼き物を作っている陶芸作家。大矢さん夫婦の親世代の年齢だが、「寄り道して、気分転換できる場所ができた」と、しょっちゅう立ち寄っては2人の相談に乗っている。

開店以来とくにPRはしていなくても、人から人へ、ブログからブログへとつながり、遠くからのお客さんも迎えるようになった。屋久島で出会って青梅に着地した2人が開いた店は、ゆったりと実を結びつつある。

■0428-78-0084
■青梅市成木8-65-2
■JR青梅線河辺・東青梅・青梅駅から
「上成木」行きバスで「坂下」下車徒歩1分
■11:00〜17:00
■月、火、第3日曜休み
■駐車場あり

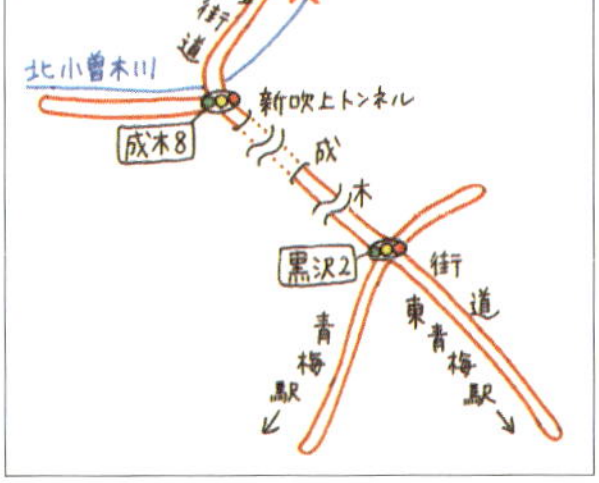

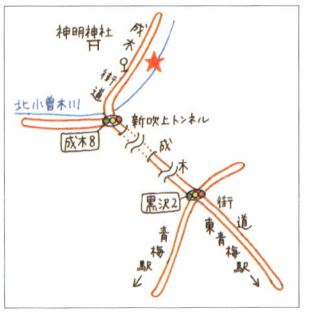

小金井市・バイク

T.R.COMPANY

ティーアールカンパニー

上質の整備で年代物のバイクを再生

バイクの楽しみ方をお客さんと共有したい

玉川上水沿いの五日市街道にある、１９６０～７０年代のバイクの専門店。イギリスで生まれインドで製造されたロイヤルエンフィールドの旧モデル、イタリアのバイクメーカー・ＤＵＣＡＴＩ《ドゥカティ》の１９６３年モデルなど、ヴィンテージ外車、絶版となった国産車がずらりと並び、バイク好きにはたまらない。

国内に先駆けて海外に輸出され、その後アメリカから里帰りした１９６９年製の通称ホンダ・ナナハン、ミニバイクのブームを作った１９６４年製スーパーカブなど、素人にも名前が知られている年代物のバイクもある。

「うちはバイクの総合病院です。他の店で修理を断られたバイクが持ち込まれます」と語るのは、社長の高橋孝幸さん。高橋さん自身、クラシックバイクレース出場の常連で、知る人ぞ知るイギリスの名車・１９３５年製のヴェロセットＫＴＴも所有。もちろんすぐにでも走れるよう整備してあると、熱っぽく語る。

店のポリシーは、どんなバイクも骨格とエンジンは変

「T.R.COMPANY」では、年に何回か店主催のツーリングを開催。
お客さん同士の交流の場となっている。
「バイクは楽しむための乗り物です。お客さんとバイクの楽しみ方を共有するためにも、どんな古いバイクでも乗れるよう修理したい」と、高橋孝幸さん。

えないでメンテナンスすること。お客さんから持ち込まれたバイクは、３人のメカニックが自らの技術と経験を頼りに、１台１台ていねいに修理。「もう乗れない」と、お客さんがあきらめていたバイクを再生させる。

高橋さん始めスタッフ全員のバイクへの思いが熱い店は、休日にはこだわりのライダーが集まる場となる。リタイアしたから４００cc以上のバイクに乗ってツーリングしたいと、大型二輪車免許を取得する団塊世代の人も増えているという。

■042-386-6066
■小金井市関野町1-2-6
■JR中央線東小金井駅北口から徒歩18分
■10:00～19:00
■月曜休み
■駐車場あり

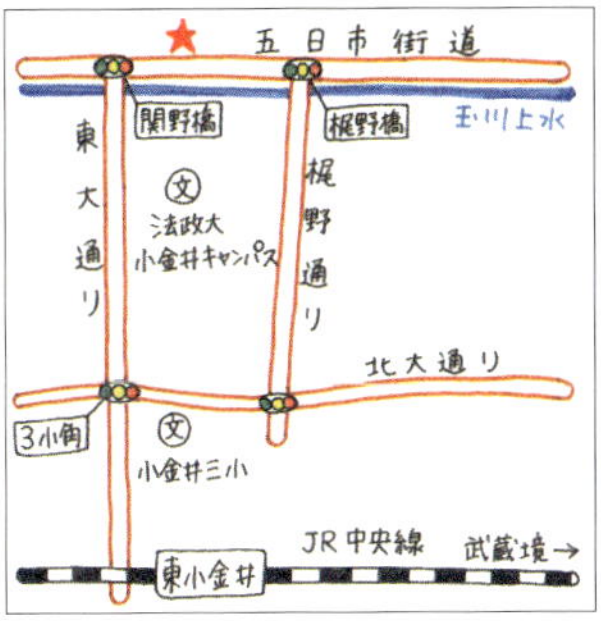

立川市・衣類

きものりさいくる工房《こうぼう》 五箇谷《ごかや》

古い着物を人から人へと橋渡し

約束事にとらわれないで気軽に楽しく

立川駅南口近くのマンション5階。格子戸の玄関を入ると、「きものりさいくる工房　五箇谷」の華やかでしっとりとした和の空間が広がる。

あるとき、友人につきあって店にやってきた若い女性は、楽しそうに着物を手に取る友人の姿を見て、自分も着てみたくなった。そこで店のスタッフと相談しながら着物と帯を選んで着付けてもらうと、洋服姿とはまるで違う新しい自分を発見。笑顔が広がったという。

仕立ておろしの新しい着物を遊び半分で試着するわけにはいかないが、「リサイクルの着物ですから気軽に試着していただけます。どうぞ気持ちよく着てみて、遊んでください」と店主の五箇谷桂子さん。

卒業式やパーティー用の晴れ着も、リサイクルなら貸衣装と同じくらいの値段でそろえられる。

●着物はリサイクルに適している

若いときから着物が大好きだった五箇谷さんは着付け

五箇谷桂子さんが着ているモダンな着物は、お召と黒喪服の2枚の着物をリフォームしたもの。店では新しい感覚の着物の着方、小物の使い方の工夫を提案している。古い着物だけでなく、しつけがかかったまま持ち込まれた着物や、仕立てないままタンスに眠っていた反物も販売。

教室に通い、ついには着付け講師となった。毎日着ていたいほど好きだが、着物離れが進む時代。決まり事の枠から少しはずれ、身近に、自由に着る楽しさと魅力を発信したいと思うようになる。

「着物は洋服とは異なり、デザインはひとつですし、サイズも応用が効きます。そして昔流行した柄でも素敵ですから、リサイクルに向いているのです」

そこで、だれにも着られることなく行き先がないままタンスに眠っている着物を、楽しみながら着たい人、着たいけれど値段が高くてなかなか買えない人へと橋渡しすることが自分の役目と、リサイクルの店を開いた。

それから10年。若い人が肩ひじ張らずに着物に親しめる、新しい感覚の着方をさまざま提案している。

五箇谷さんのこの日の装いは、大胆な柄を黒できりりと引き締めたモダンな着物。2枚の着物をはぎ合わせて作ったもので、「お召」と呼ばれる格調の高い絹織物の大柄の着物と、黒い喪服を解いて仕立て直した。そして、

店は“きもの　かけこみ寺”。お太鼓部分（帯の背中側のふくらんだ部分）にできた汚れを隠すために、アクリル絵の具でウサギを描いたら、粋でかわいい帯によみがえった。
「不要になった着物があればお引き取りしますので、電話でご相談ください」と五箇谷さん。

衿元にのぞく半衿は、着物には珍しい水玉模様。

「お金をかけないで、自分なりに工夫しながら着物を楽しむ方法はたくさんあります」

スカーフや風呂敷を帯にする、お気に入りのブローチを帯留めにしたり、着物でもピアスやイヤリングをつけるなど、リーズナブルな古い着物だからこそ昔ながらの約束事にとらわれないでチャレンジできる。

「振り袖などの晴れ着と違って、普段着は自分なりに着ていれば動きやすく、とても機能的です」

楽な着方を提案する五箇谷さんの思いは、ひとりでも多くの人に着物に親しんでもらいたい、ということ。店で販売する着物には、身幅、袖丈、ゆき丈などのサイズを表示し、サイズが合わない場合は直しも受けつけている。

●さまざまなイベントも開催

店の隣にはイベントスペースがあり、好みの着物や帯を選んで着る「着付けコーディネートのレッスン」、1

回だけでも、連続しても参加できる「着付け講習会」、着物のリメイクやサイズの直しにチャレンジする「自分サイズにお直し教室」を毎週開いている。さらには、市松人形の着物作りやネイルアートなどの講座も開催。また、着物を着たらどこかに出かけたくなるもの。そこで、ひな祭りや納涼会など「きもので出かける会」などの催しも開いている。

　顔の見えるお付き合いで、古い着物を人から人へと橋渡し。着物でつなぐネットワークが生まれている。

■042-540-8408
■立川市錦町2-1-1-504
　タウンコート立川504
■JR立川駅南口から徒歩2分
■11:00〜18:00
■水曜、第1〜3・5日曜・祝日休み

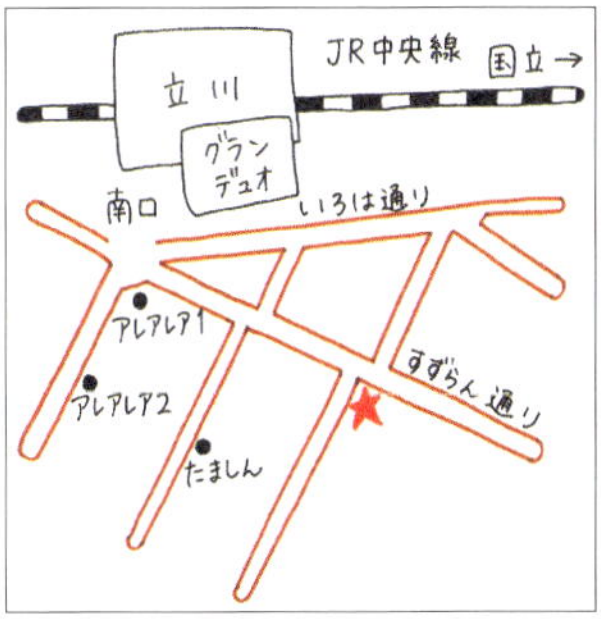

column 2

思い出の着物で日傘を

三鷹市でハマヲ洋傘店（本書44ページ）を営む鎌田智子さんは、傘の販売・修理だけでなく、手作りの日傘の注文も受けている。

小さなビル1階の店に入ると、天井に所狭しと飾られたさまざまな柄や色合いの日傘が目に入る。若い女性の浴衣姿に合いそうなかわいらしい日傘、シックな装いに映える落ち着いた雰囲気の日傘などは、鎌田さんと店のスタッフが着物から仕立てたものだ。

着物は洋服と違って直線裁ちなので、縫い目を解くと1枚の細長い布になる。そこで解いた着物地に二等辺三角形の枠型をあてて裁断し、専用のミシンで縫い合わせると円形の傘の形となる。これに骨を張り、取っ手をつけると日傘が完成する。1枚の着物から2本の日傘ができるが、古い着物には虫食いやシミがあったりするので、裁断時には注意しながら枠型をあてなければならないと鎌田さんは言う。

国産の雨傘に代わって安価な輸入物が出回るように

なった時代、ハマヲ洋傘店も傘の注文が少なくなった。流れが変わったのは、10年ほど前のこと。鎌田さんは若いころに着た着物で日傘を作り、試作品として店に置いたところ、どうしてもほしいとお客さんからせがまれ、売ることになった。一方で着物を着る人は少なくなり、多くの家のタンスに着る人のない着物が眠っていた。

思い出の着物を捨てたくない。日傘に仕立ててほしいという注文が次第に舞い込むようになり、評判が評判を呼んだ。

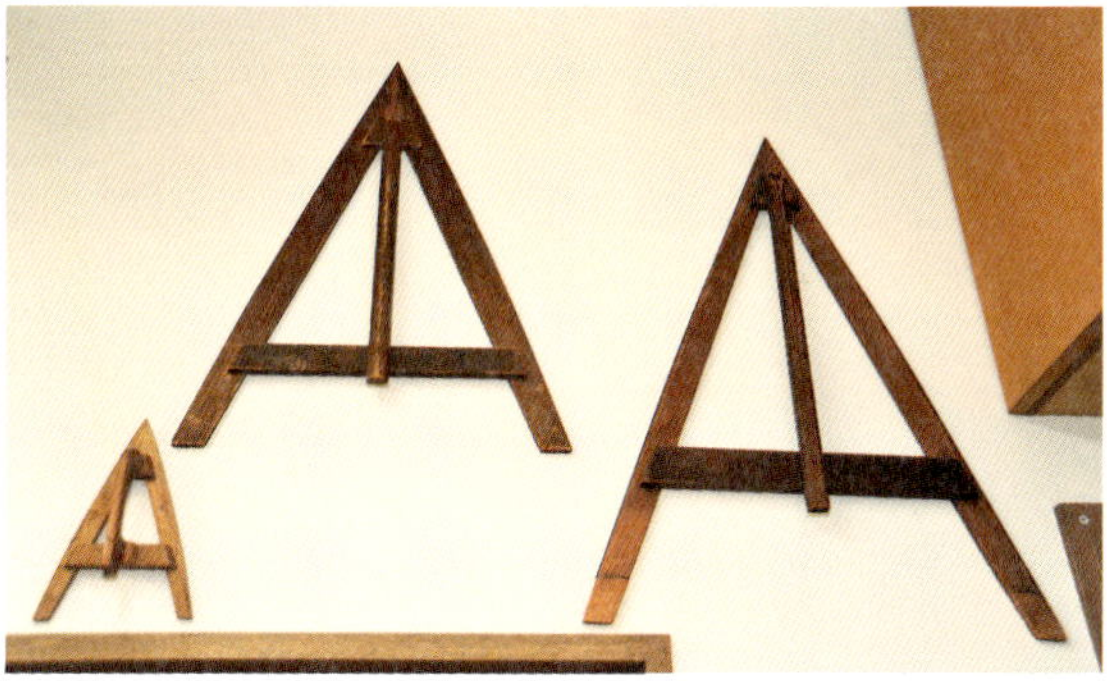

朴の木でできた枠型は長年使いこまれ、鎌田さんの傘職人としての歴史を物語っている。

あるとき段ボール箱いっぱいの着物が届いた。おばあさんの80歳の誕生祝いまでに、20数本の日傘を作ってほしいという、80歳と傘寿をかけた粋な注文だ。祝賀会当日、会場の花道をハマヲ洋傘店製作の日傘が飾り、散会時には引き出物として配られたとのことだ。

「大切な着物をお預かりしているので緊張します。喜んでいただけるとそれだけでうれしいです」と、79歳現役の傘職人・鎌田さん。母の形見の着物で日傘を作り、法事に配りたいという注文があったときは、着物を着た人にまつわる思い出を受け止めて、日傘として生まれ変わらせたいと心を込める。

店で日傘を作り始めてからというもの、傘製作を習いたいと門をたたく人があり、現在、製作スタッフは鎌田さんを入れて5人。その昔、鎌田さんが親方から教わったワザが、次の世代に受け継がれている。

〈参考文献〉

『日傘こころ模様』小学館プロダクション・刊

八王子市・樹木

林庭園設計事務所

はやしていえんせっけいじむしょ

サイクルパウダーで植物を元気に

樹木の剪定枝が自然の循環を促してくれる

　くすんだ緑色や茶色の「サイクルパウダー」の袋を開けると、さわやかな木々の香りがたちこめた。それもそのはず、樹木の枝を細かな繊維状に砕いたものなので、ヒノキのパウダーはヒノキの香り、竹のパウダーは竹特有の野趣あふれる香りにあふれている。

　サイクルパウダーは、土の上にまいておくと微生物の力によって、３ヵ月〜半年で分解されて土になるという、自然素材のマルチング材。２００９年の「多摩の逸品コンテスト」に出品し、生活グッズ部門で受賞したすぐれものは、どのようにして生まれたのだろうか。

●土づくりから始める庭作り

　開発者の林庭園設計事務所では、サイクルパウダーの効果を確かめようと、庭に植えているブドウ、リンゴ、みかん、ブルーベリーなどにまいて2年。いずれも結果がよく、とくにブドウは特別な世話はしないにもかかわらず、たわわに実をつけるようになったという。

剪定枝や竹などを植繊機にかけて粉末状にした「サイクルパウダー」は、樹木の枝の色そのままのナチュラルカラー。循環型の庭作りをめざしている林好治さん（左）は「剪定枝をチップ化するだけでは分解が遅いので、行政でも植繊機を導入したらどうか」と提案する。
サイクルパウダーは3ℓ入り＝100円、15ℓ入り＝500円。

「庭の樹木や草花に病害虫が発生したからと、農薬や化学肥料を使うのでなく、病害虫が発生しないよう植物自体を健康にする。そのためには土づくりが大切だと思うようになったのです」と語るのは、林庭園設計事務所代表の林好治さん。

ハウスメーカーの造園部に勤務のかたわら、庭師の親方に弟子入りして現場作業の経験を積み、庭園の設計・施工・管理の会社を興して28年になる。

では、土づくりから始める庭作りとは何か。

庭木の剪定作業は庭作りの仕事のひとつで、剪定した枝や落ち葉は、廃棄することが当たり前になっている。しかし、廃棄したのでは土がやせていくのではないだろうか。そう考えた林さんがイメージしたのは、人の手で作る庭園の対極ともいえる雑木林だ。

自然に積もった落ち葉や枯れ枝が、時間をかけて土に還っていく雑木林。落ち葉や枯れ枝が堆肥化した土は通気性、保水性に優れ、1㎡あたり10万匹ものミミズが生

植繊機でサイクルパウダーを作る
剪定枝をカッターで切るⒶ→いったんチップ化する→70～80℃の熱でチップを圧縮してもみほぐし、繊維状にする→繊維がほぐれて機械から出てくるⒷ→できあがったサイクルパウダーを袋詰めする。Ⓒ

息しているといわれる。雑木林の木々はこうしてできた土の栄養を吸収し、さらに伸び伸びと生育している。

雑木林のような土を作るには、剪定枝や落ち葉を土に還すことが理想だ。しかし、庭に置いたままで自然に還すには時間がかかりすぎるし、細かく砕いてチップ化したものは分解が遅い。

解決法を探っていたとき、自然の生態系保持を大切にする「バイケミ農業」で提唱している植繊機《しょくせんき》を知り、導入した。剪定枝や雑草を繊維状にパウダー化し、落ち葉や枯れ枝と同じ効果を生むよう考案された機械だ。

●老木の剪定枝が若木を育む

林さんは事務所から車で10分ほどの山あいの資材置き場に設置している、植繊機を動かしてくれた。サクラやヒノキなどの樹木の剪定枝が、たちまちパウダー状のサイクルパウダーとなる。

自然に土に還るには何年もかかる剪定枝が70～80度の

熱によって処理されるので、殺菌効果があり、雑草の種が含まれていてもすりつぶされてしまう。また、繊維状にほぐされていることから分解されやすく、早く土に還るので、雑木林のように通気性・保水性・透水性に富んだ土になる。庭の土にまいておけば、雑草が生えにくく、庭の土はいつしか雑木林のような土になる。

何十年、何百年もの歳月を重ねてきた老木の剪定枝がサイクルパウダーとなって利用されることにより、若い木々や植物を育む力となるのだ。

■042-622-8840
■八王子市横川町1096-3
■JR中央線西八王子駅北口から
「高尾駅北口」行きバスで「滝原新橋」
下車徒歩２分
■8:30〜18:00
■日曜休み
■駐車場あり

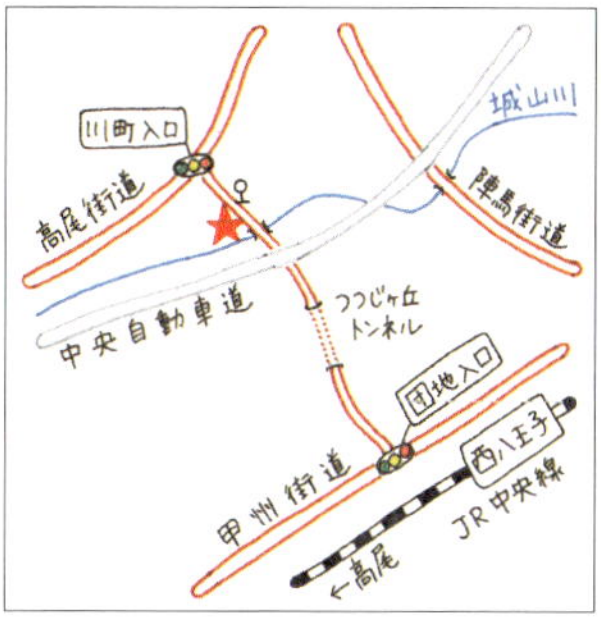

あきる野市・仏像

みのむし工房《こうぼう》

古い木、捨てられた木から仏像制作

おだやかな表情の仏さま300体

２０１０年の正月に初開帳した武蔵五日市七福神は、ＪＲ武蔵五日市駅近くの正光寺から、瀬音の湯に近い徳雲院まで７つの寺に七福神がまつられ、四季折々の景色を眺めながら七福神めぐりを楽しむ人々でにぎわっている。その結願寺・徳雲院に寿老人を奉納したのは、「みのむし工房」の落合實さんだ。

高校教師としての現役時代、五日市高校に勤務していたときにできた縁で、徳雲院住職から「作ってくれないか」と話があり、長寿の象徴である桃を手に持った木彫りの寿老人を心をこめて制作した。

●40年間に１５００体の仏像を制作

落合さんは、昔は小さな柔道場だったという築50年の木造の建物に「みのむし工房」を開いている。玄関を入ると野の花が飾られ、室内には大小さまざまな姿形の木彫の仏像が約３００体。すべて廃材や流木を利用して彫った作品だからか、１体１体それぞれ異なる素朴な姿が

自宅のガレージを作業場として、多くの仏像を彫ってきた。材料となる廃材や流木は「同じ形、同じ材はないので飽きることはありません」と、落合實さん（右頁）。木目が流れるように美しいヒノキの角材からは、阿弥陀像を彫り出した。

おだやかで優しい。

「五日市は寺が多い町です。26歳のとき五日市高校に赴任してから仏像を見て回るようになり、見よう見まねで彫るようになりました」と落合さん。はじめは動物なども彫っていたが、次第に仏像に惹かれるようになり、山で朽ちかけている木を持ち帰っては彫るようになった。

「捨ててある木材を見ると、もったいない、この木はこんな姿の仏像が彫れるのにと、どんどんイメージが浮かんでくるのです」。川底に沈んでいたカシの木を引き上げて彫ったり、枕木の木っ端をもらいうけて彫ったり、40年間に制作した仏像は１５００体以上。

表面が黒ずんで汚れている木でも、外側をワイヤーブラシでゴシゴシと削っていくと、きれいな白い木肌が現れて驚くこともある。愛犬の散歩のとき、ゴミとして捨てられていた古い杵《きね》を見つけ、立ち去りがたく拾ってきて、柄をつけたまま彫った観音像もある。

定年退職して８年になる落合さんは、週１回五日市高

大きく曲がったクワの木から2面一体の仏像を彫り上げた(右)。2面のあたたかい表情の観音像(中)は、山で泥をかぶっていた木を根ごと拾ってきて彫ったもの。技術的な基本に立ち返って彫った薬師如来像(左)は、伐採した桜並木の老木をもらい受けて制作した。「みのむし工房」の見学を希望する場合は、落合さんの自宅に問い合わせを。仏像の販売は行っていない。

校に赴き、廃材を活かした仏像制作を通して若い世代に古いものの大切さを教えている。

●彫るといつの間にか仏像の姿に

落合さんの趣味を知っている知り合いから、材料が持ち込まれることもある。近所の植木好きの人からもらった、中が空洞で大きく曲がっている太いクワの木は、湾曲部分をそのままにして不思議な作品に仕上げた。身体は一体だが、観音さまの顔と鬼神・阿修羅の顔が背中合わせになっている大作だ（写真右）。

「仏像の顔を表現するとき、難しいのは口元の表情です。口元に慈悲がこもると、仏像に魂が入るような気がします」

工房から車で5分ほどの自宅脇のガレージが、落合さんの作業場だ。屋根はあるが冬は吹きさらし、夏は蚊に刺され、決して作業しやすい環境ではないが、大量の木屑が出るのでここが一番適している、と語る。

木についている泥やほこりを落とし、ノコギリで切り、ナタやノミで大きく木取りしてから、彫刻刀などで彫り始める。1本の木から出たたくさんの木っ端の一つひとつを彫っていったら、26体の観音像ができたこともある。

「モデルや見本はありません。木の曲がったところ、穴や節のあるところをそのまま活かして彫っています」

若いころは、木をいろいろな方向から見回してからでないと彫り始められなかったが、今ではすっと手が動き、いつの間にか仏像の姿になっていると語る。

■042-596-3426
■あきる野市五日市8-1
■JR五日市線武蔵五日市駅から徒歩10分
＊見学の際は要問い合わせ

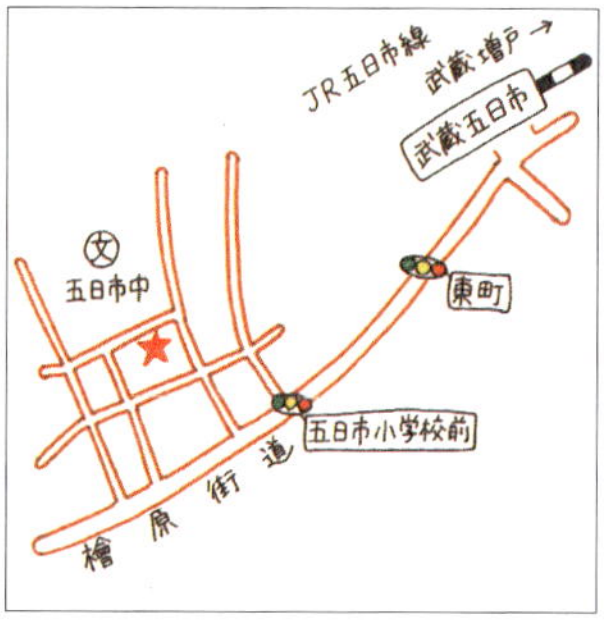

八王子市・炭焼き

ＮＰＯ法人《エヌピーオーほうじん》 日本《にほん》エコクラブ　ＤＡＩＧＯ《ダイゴ》エコロジー村《むら》

炭焼きから始めるネットワーク作り

山あいのエコロジー村に昔ながらの炭焼き窯

八王子の市街地を走る国道20号線から陣馬街道に入り、川原宿の交差点を過ぎると、ここは東京？　と思うくらいの懐かしい山里の風景が広がる。

川遊びや農林業体験、キャンプなどが楽しめる「夕やけ小やけふれあいの里」を通り越して、上恩方《かみおんがた》町をさらに奥へ。浅川の上流、醍醐川の渓流沿いに、ＮＰＯ法人日本エコクラブの活動拠点のひとつ「ＤＡＩＧＯエコロジー村」がある。

渓流に架けられた木の橋を渡って村に入り、小道を歩くと囲炉裏のある小屋、その隣には薪で沸かす五右衛門風呂の小屋が建っている。急な小道をさらに進むと、山の斜面に大小合わせて10基の炭焼き窯。白炭、黒炭、竹炭を焼き、副産物として、木酢液《もくさくえき》、竹酢液《ちくさくえき》もとれる関東最大規模の〝炭焼き村〟だ。

●恩方は炭の産地だった

江戸時代、炭の集積所として栄えていた八王子。恩方

恩方の奥、醍醐川の渓流沿いにある「ＤＡＩＧＯエコロジー村」の中心は囲炉裏のある集会所（右頁）。
「炭焼きの情報交換をしようとＮＰＯを設立しました」と、理事長でエコロジー村村長の尾崎正道さん（上）。理事で村の助役・川口武文さん（左）は「里山に入って楽しむ仕組みを作っていきたい」と語る。

は良質な炭の産地として知られていた。備長炭と同じく、鋼鉄のような硬さで火力が強い白炭の案下炭《あんげずみ》は、甲州街道や多摩川を利用して江戸に運ばれ、江戸城大奥でも使われていた高級ブランドだったと伝えられる。

しかし、恩方の歴史を伝える案下炭はいつしかとだえ、山は人手が入らないために荒れ放題になる。恩方で生まれ育ち、八王子市議を４期務めた尾崎正道さんは、引退後は炭焼きを復活させる活動を開始。仲間とともに山林を探索したところ、昭和初期まで使われていた案下炭の窯跡を発見した。

尾崎さんは炭焼き名人に炭焼きの技術を習い、新しい炭焼き窯を作り、炭焼き塾を開講。炭焼き仲間のネットワークを作って森林の活性化をめざそうと、２００２年にＮＰＯ法人「日本エコクラブ」を設立した。

ナラやクヌギを１０００度以上の高温で焼き、灰と山土を混ぜた〝消し粉〟をかけて冷やすと白炭になる案下炭、クヌギ、コナラ、カシなどを４００～７００度で焼

面積1haのDAIGOエコロジー村には、大小10基の炭焼き窯がある。恩方に伝わる案下炭を焼く、昔ながらの窯も復元した。案下炭は、備長炭と同じように遠赤外線効果があるという。

く黒炭、そしてドラム缶窯で焼く竹炭。さまざまな炭焼き体験塾を開いているＤＡＩＧＯエコロジー村では、毎月第３土日の「定例炭焼き塾」で一昼夜をかけてドラム缶で竹炭を焼く。

●広がる炭焼きネットワーク

「炭を焼きながらゆったりとした時間が流れる。これがなかなかいいのですよ」と尾崎さん。

青竹を割って窯に入れて火を焚き、煙の色、におい、温度を見ながら、焼き上がりを待つこと8～15時間。

「その間、窯から遠く離れるわけにはいかないが、囲炉裏を囲んでゆったりとした時間が流れる。これが現代の炭焼きの魅力」と、江戸時代に活躍した炭焼き長者にあやかって「炭焼三太郎」を名乗る尾崎さんは語る。

エコロジー村では、ゴールデンウィークの白炭焼き体験塾、八王子市の教職員対象の夏休み炭焼き実習、市内小学校２校に設置したドラム缶窯を使っての、出張炭焼

き塾などの活動を行っている。

また、荒れた雑木林を整備し、ドングリが実るクヌギやコナラなどの苗木を植えようと、２００４年に開始した「ＤＡＩＧＯどんぐり銀行プロジェクト」は、どんぐり銀行に１０００円を支払うと苗木１本分のどんぐり貯金小切手がもらえる仕組みだ。

炭焼き塾の体験者の中から炭焼きの輪が広がり、里山を守ろうというネットワークが生まれ、ＮＰＯ日本エコクラブの仲間となっている。

■042-652-5969
■八王子市川町244-132
■ＤＡＩＧＯエコロジー村は、「夕やけ小やけふれあいの里」から車で10分
＊炭焼き体験塾参加希望の場合は要問い合わせ

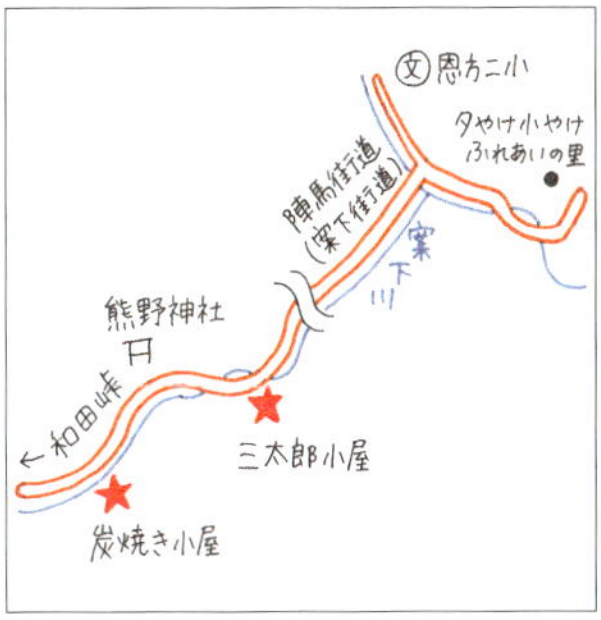

東村山市・リサイクル

とんぼ工房《こうぼう》

「もったいない」から生まれた玩具や木工品

ゴミ処理施設の一角にあるリサイクル工房

人口15万人の東村山市は、市民ひとり当たりのゴミ排出量の少なさ、資源ゴミリサイクル率の高さとも多摩地域でトップクラスの市として知られている。

市内で回収された各種ゴミとペットボトルなどの資源、家具などの粗大ゴミは、所沢市と境を接する市北部のゴミ焼却処理施設「秋水園」（東村山市資源環境部）に集められ、焼却あるいはリサイクルに回されている。

●自然発生的に生まれた活動

ゴミ収集トラックが行き交う秋水園入口の右手に、プレハブの簡素な建物があり、「とんぼ工房」という看板が掛かっている。

ここは秋水園に集められた粗大ゴミの中から、傷みの少ないものを選び出して修理したり、家具などから玩具や木工品を作っている再生施設。資源環境部と市民が協力し合って運営に当たっている。

「行政主導ではなく、〝もったいない〟から再生しよ

市民参加型のリサイクル工房「とんぼ工房」は、東村山市のゴミ処理焼却施設・秋水園の一角にある。土日の開放日には市民グループのとんぼサポーターズと“協働”で木工品の製作を行なっている。土日には「ギャラリーとんぼ」が開店し、粗大ゴミから作った玩具や木工品を販売。

うという、市民の皆さんの自然発生的活動から生まれた工房です」と、資源環境部リサイクル推進係長の山田さんは、東村山市の粗大ゴミリサイクルの特徴を語る。

工房内の倉庫には引っ越しして手狭になったからと持ち込まれた家具、塗装がはげただけの自転車、まだまだ使えるスポーツ用品、楽器などがきちんと整理して並べてある。木工用の工具がそろったスペースでは、市の職員が子ども用の食事イスを修理中だ。とんぼ工房で使っている工具類もまた、学校の備品やゴミとして出されたものの再利用がほとんどだという。

大きなテーブルを囲んでおもちゃの修理に取りかかっているのは、ボランティアのおもちゃドクターのみなさんだ。とんぼ工房のスペースを活用して、2カ月に1回「おもちゃの病院」を開院。工房に持ち込まれたおもちゃの修理を原則無料で引き受けている。

また、毎週土曜と日曜は「ギャラリーとんぼ」が開店し、粗大ゴミから作った玩具や木工品を販売。自転車の

カラフルな観覧車は、自転車の車輪で作ったもの。木のおもちゃは、粗大ゴミとして出された家具から。
「とんぼ工房」では2ヵ月に1回「おもちゃの病院」を開院。ボランティアのおもちゃドクターの手で、ほとんどのおもちゃが修理可能だ（左）。

車輪を使った観覧車、テーブルの脚を車輪に利用した木馬、焼き色をつけた木製プランターケース、小さな木を組み立てた精巧なドールハウスもあり、見ているだけで楽しい。そしてどれも手ごろな価格だ。

●活動を支える「とんぼサポーターズ」

資源環境部と協働でこれらの品々を製作し、工房の活動を支えているのは、市民グループ「とんぼサポーターズ」だ。

「市の北端にあるとんぼ工房から、リサイクルについていろいろなことを発信できるのは、とんぼサポーターズさんたちのおかげです」と、山田さん。

約30人の登録メンバーは、日曜大工の腕をフルに発揮し、原則土日のとんぼ工房開放日には木工品の作り方を指導。毎月第1土曜日に開かれる「木工教室」では、額縁、ひな人形など、時間をかけて本格的な木工品を製作する。また、8月に開かれる夏休み親子木工教室では、

木板で組み立てる恐竜や、廃材を利用したおもちゃの自転車を作りながら、自由研究の作品作りとともにリサイクルに興味をもってもらえるよう発信している。

とんぼ工房のリサイクル家具や木工品などは、東村山駅近くの市民参加のリサイクルショップ「夢ハウス」や、4月の「緑の祭典」、6月の「菖蒲まつり」、11月の「産業まつり」などで格安販売。売上金はサポーターズの運営費とするだけでなく、「アメニティ基金」として、循環型社会をめざすリサイクル推進のために積み立てている。

東村山市役所
ごみ減量推進課　リサイクル推進係
■(代)042-393-5111　(内)2616
　とんぼ工房
■東村山市秋津町4-17-1
■JR武蔵野線新秋津駅から徒歩10分
■開放日　土・日曜
■10:00〜15:30
■祝日、年末年始休館
■駐車場あり

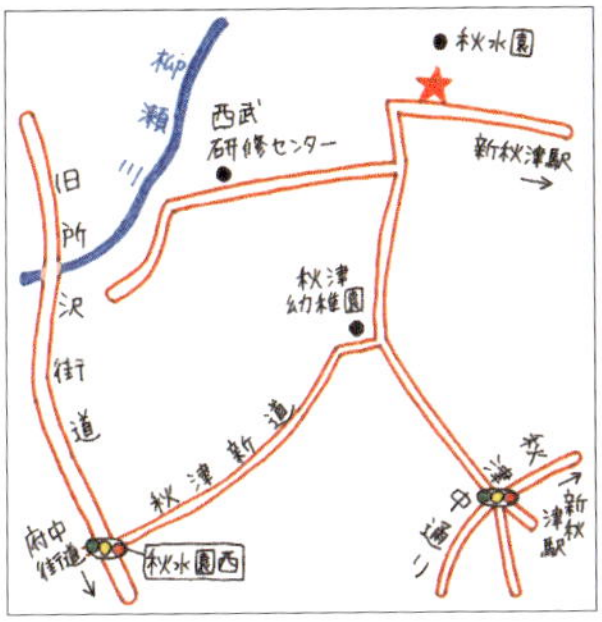

八王子市・学校

ランビエンテ修復芸術学院《しゅうふくげいじゅつがくいん》

世界に通用する美術修復士を養成

3年次にはフィレンツェの本校に1年間留学

１９６６年に襲った大洪水をきっかけに、芸術品の保存・修復に本格的に取り組むようになったイタリア・フィレンツェ。パラッツォ・スピネッリ芸術修復学院は、修復の専門家を養成するためにフィレンツェで創設され、ヨーロッパ各国に分校や提携校を配置している。

八王子のランビエンテ修復芸術学院は、パラッツォ・スピネッリ芸術修復学院の提携校として、イタリア・フィレンツェ国立美術院で学んだ船山千尋さんが学院長となって、１９９４年に開校した。

本科コースの絵画修復科は３年間の日伊共同プログラムとなっている。１、２年次は油彩画を中心とした伝統的修復技法の習得と応用、デッサン、美術史、イタリア語などを学ぶ。そして３年次には、フィレンツェ本校に１年間留学し、「トスカーナ州公認修復専門技術士」資格試験に合格すれば、卒業できるという仕組みだ。

生徒は少数精鋭。いったんは社会人となった後、世界に通用する修復士をめざそうと入学する20代前半の若者

「ランビエンテ修復芸術学院」では、初歩からゆっくりイタリア絵画修復技術を学ぶ「土曜コース」、幅広い年齢層を対象にした「通信制プログラム」、短期に集中して学ぶ「サマーコース」なども設けている。

たちが多いが、高校を卒業したばかりの若者などを育成する機関としても学院は努力を続けているという。

イタリア本校での授業はもちろんイタリア語。イタリア語を話せるだけでなく、読めて書けなければ授業についていけないので、1、2年生は必死だ。

学院を卒業後、イタリアの修復工房に2年間弟子入りし、帰国後は母校の美観・保存修復講師を務める醍醐亜砂美さんは「向上心があって器用だ、とイタリアでは日本人の評価は高いです」と、学生にエールを送る。

■042-620-5250
■八王子市万町117-6
■JR八王子駅南口から徒歩8分

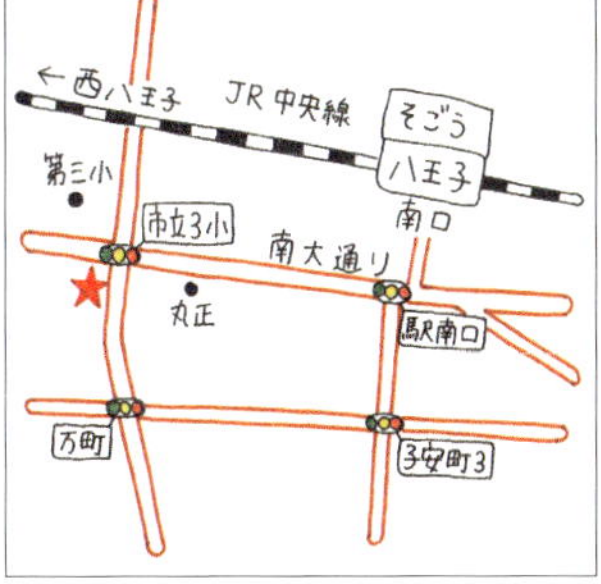

畳

芦沢製畳《アシザワセイジョウ》有限会社
■042-581-3866
■日野市日野629
■多摩モノレール甲州街道駅徒歩6分
■8:00～18:00
■日曜休み
畳替えはもちろん、ふすま・障子のリフォームや壁紙・フローリングなどの工事全般が依頼可能。部屋のトータルコーディネートが実現できる。

高木畳店
■042-622-8971
■八王子市元本郷町4-7-21
■JR中央線西八王子駅北口徒歩10分
■8:00～18:00
■日曜休み
親子三代で営業している、地元密着の畳店。「安い」「近い」「安心」の3つがモットーで、無料の防菌・防カビなどのサービスも豊富。

水上畳店
■042-361-3715
■府中市晴見町3-17-7
■JR武蔵野線北府中駅徒歩13分
■8:30～18:00
■日・祝休み
女性ハウスメンテナーが、相談からメンテナンスまで担当している。畳熱風乾燥機での虫処理・湿気対策も行っており、きめ細かいサービスが光る。

重田畳店
■042-339-1228
■多摩市鶴牧5-2-4
■小田急線・京王線多摩センター駅から徒歩20分
■9:00～18:00
■日曜・祝日休み
大正時代から続く、老舗の畳店。畳表（ゴザ）は熊本・広島などの国産品のみを使用し、ダニなどが発生しない和紙素材を扱ったものもある。

大沢畳店
■042-725-7115
■町田市玉川学園1-22-16
■小田急線玉川学園前駅北口徒歩6分
■8:30～
■日曜休み
国産の畳表は「生産者のわかる畳表」にこだわっている。カラー畳や迷彩柄のへりなど、個性あふれる品揃えが豊富。

大岩畳店
■042-392-1128
■東村山市恩多町3-19-5
■西武新宿線久米川駅北口徒歩15分
■8:00～
■無休
二代目店主が営業する畳店。急な張り替えや相談にもていねいに対応してくれる。

たたみのひじかた
■042-563-1862
■武蔵村山市中央2-65-3
■多摩モノレール上北台駅徒歩25分
■8:00～20:00（電話受付時間）
■無休
伝統の手法にこだわり、現在主流となっている機械ではなく、手作業で作り上げている。デザインカーテンやミニ畳といった、畳小物の販売も充実。

楽器

よろずや
■0422-49-6969
■三鷹市下連雀3-32-12
■JR三鷹駅南口徒歩5分
■12:00～21:00
■第1・3木曜休み
プロ・アマミュージシャンも訪れる、70年代の雰囲気漂う楽器店。買い取りやメンテナンスにも対応。

伊藤楽器
■042-480-1906
■調布市布田1-48-2 サンメイツカモシタ103
■京王線調布駅東口徒歩1分
■10:00～18:00
■第1・3日曜、祝日休み
バイオリン・ビオラ・チェロ専門店。店舗隣室の工房で、毛替えや調整・はがれ・ひび割れといった修理やメンテナンスを行っている。

流通ピアノセンター
■042-793-0956
■町田市図師町1540-1　藤本ビル
■小田急線町田駅から「下山崎」行きバスで「上山崎」下車徒歩6分
■10:00～19:00
■無休
ピアノ専門の修理工房。中古ピアノも販売している。ピアノ修理の技術を伝えていくための、プロの調律師を育成する養成所がある。

第４章　暮らしを彩る修理工房

いつまでも使い続けたい、
いつでも傍らに置いておきたい。
そんな自分にとってかけがえのないものが
壊れたり調子が悪くなったら、
その道の専門家に頼るのが一番です。
暮らしを彩る修理を引き受けている職人さんは、
高い技術をもったモノ作りのプロでもありました。

立川市・宝飾

銀《ぎん》細《ざい》工《く》職人《しょくにん》の店《みせ》　造屋《いたるや》

クラフトマンの手仕事で新しいデザインに

初めて作った指輪に「これだ」とひらめいて

立川駅南口から歩いて数分。店の両側にのぼり旗が立つ「造屋」に入ると、ショップ奥の工房から金属をたたく音が聞こえてくる。江戸時代の銀貨「一分銀《いちぶぎん》」を、銀枠つきのペンダントにリフォームしたいという注文があり、銀の成型作業をやっているところだ。

アクセサリー全般の製作から修理までの店を経営するのは、村上造《いたる》さん。27歳で起業して6年になる。

●夢は自分の店を持つこと

塗装のアルバイトをしながら、この先どうしたらいいかわからず悶々としていた20歳の村上さんは、ふと立ち寄った東急ハンズでシルバーリングの製作キットを買った。銀板、ヤスリ、溶接用のろう材が入って3千円。夢中で作り、磨き上げた銀が光を放ったとき、「これだ」とひらめくものがあったという。

1個のリングで何かが変わった村上さんは、貯金をはたいて工具を買いそろえ、アルバイトを続けながら彫金教室に通い、気がつくと銀細工のおもしろさにのめりこんで5年が経っていた。

「作ったものを売ることで、職業として確立させたい。そのため

ネックレスのチェーン切れなどの修理、祖母からゆずられた指輪をブレスレットにするなどのリフォームを引き受ける。オリジナルデザインの銀細工指輪などの製作・販売、オーダーメイドのアクセサリーの注文も応じる。子どものころから工作が得意だった村上さんは、ショーケースも手作りした。

にはどうすればいいのか、考えるようになりました」

そこで作品を携えて原宿のジュエリー店を回ったり、近所のアクセサリーショップに彫金台を持ち込んで指輪のサイズ直しをさせてもらいながら、仕入れや販売など開店のノウハウを学んだ。実力を認められ、百貨店のアクセサリー部門で修理を担当するまでになったが、自分の店を持ちたいという夢は変わらない。

開店資金が貯まり、経営の道筋が見えてきたところで方々に店舗

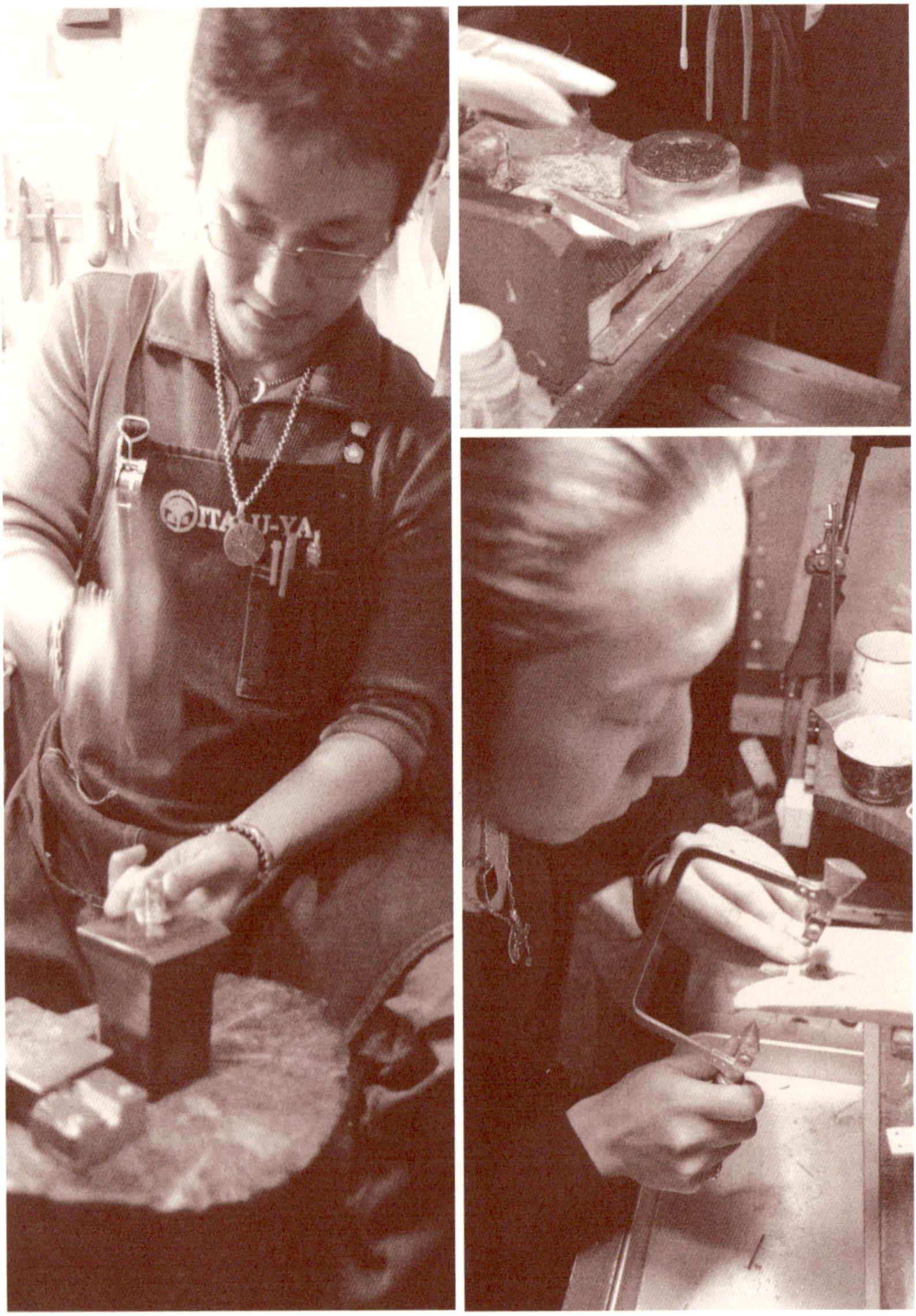

銀細工のリフォーム

クラフトマンは店長の村上さんを含めて3人。江戸時代の銀貨「一分銀」に銀枠をつけてペンダントにリフォームする作業は、集中を要する工程の連続だ。銀のかたまりをバーナーで900℃に熱して軟らかくして急冷し、鉄鎚で打ち、打っているうちに硬くなったら再び熱するという作業を繰り返して加工する。

を探し、立川の物件を見つけ、「だめになったら、元のペンキ屋に戻るしかない」と、一大決意して契約したのだった。

こうして立ち上げた「造屋」のコンセプトは、仕入れ品には頼らず、店で作ったアクセサリーを中心に販売すること。和風の彫金をほどこしたシルバーリングや、かわいさの中に落ち着きのあるアクセサリーシリーズ「花唐草」など、オリジナルの銀細工が人気だ。

「いちばんワクワクするのは、だれかにあげるプレゼントを作っているときです。ものを作ることで味わえる、幸せ感だと思います」

店には、そんな思いで作られた銀細工が並んでいる。

■銀細工職人の店　造屋

立川南通りの「造屋」は、店の両側に立つのぼり旗が目印。店主の村上造さんは「一級貴金属装身具製作技能士」の国家資格をもつ。店名は村上さんの名前から。ホームページは
http://www.italu-ya.com/

■042-523-2480
■立川市錦町2-2-19　1F
■JR立川駅南口から徒歩7分
■10:00〜19:00
■水曜休み

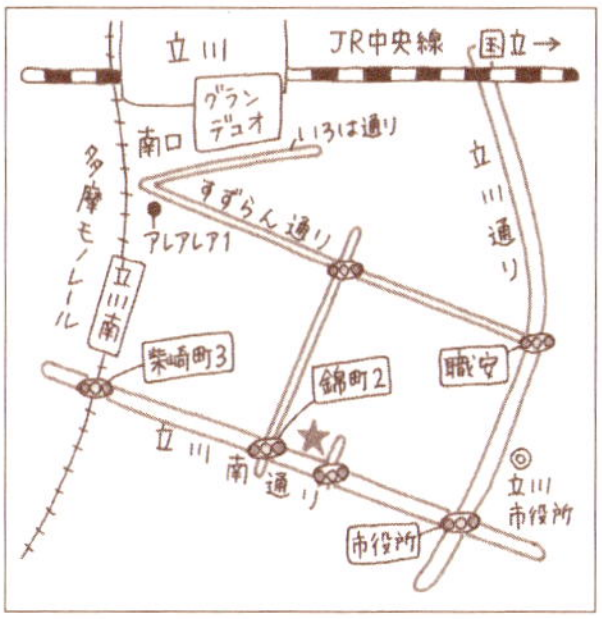

狛江市・宝飾

ジュエリー・エル

高度な技術で指輪のサイズ直し

父から息子へと受け継がれる職人のワザ

「父が仕事をする姿を見ながら、ジュエリーの道に進もうと自然に思うようになりました」と語るのは、父・伯允さんとともに工房の作業台に向かう「ジュエリー・エル」の細川剛司さん。

自宅併設の工房で遊びながら育ち、知らず知らずのうちにジュエリー職人としてのワザを身につけていった。ジュエリー製作に欠かせない基本工具のひとつに、各種ヤスリがあるが、「父の仕事仲間の工房に連れて行ってもらい、腕のいい職人さんはヤスリ掛けの音すら違うことを知りました」と語る剛司さんのかたわらで、「息子の方が自分より腕は良い」と、父は目を細める。

剛司さんが指輪のサイズ直しに取りかかった。

高価なプラチナと金の合金で、しかも世界にひとつしかないものなので失敗は許されない。指輪の手のひら側を糸ノコで切り、広げる部分に合う地金を熱で継ぎ、指輪のカーブに合わせて足した部分をヤスリでていねいに削って仕上げるという、精密な作業だ。

サイズを広げるより、狭くする作業の方が難しいという。とくに名前や日付が彫ってある結婚指輪は、文字を傷つけなければ直せないことが多く、必ず依頼主の了解を得てから作業にかかる。また、

「ジュエリー・エル」は世田谷通り沿いの黄色い建物。中に入ると宝石のアクセサリーが上品にレイアウトされ、その奥に工房がある。「ジュエリーのことならどんな相談にも応じます」と細川剛司さん。

宝石付きの指輪の場合、とくにエメラルドなど熱に弱い宝石の指輪のサイズ直しには気を使う。リングを熱で継ぐ際に破損してしまう恐れがあるからだ。

「何軒もの店で断られ、ようやくうちにたどり着いた、というお客さまもいらっしゃいます」

サイズ直しや宝石の修理などが持ち込まれる、親子二代で営む街角のジュエリーショップ。手持ちのアクセサリーに宝石を入れるなどのリフォームや、オリジナル品のオーダーも引き受けている。

■03-3480-0587
■狛江市東和泉1-6-12
■小田急線狛江駅から徒歩7分
■9:00〜18:30
■日・祝日休み
■駐車場あり
＊チェーンのつなぎ　1000円〜
＊リングのサイズ直し　1500円〜

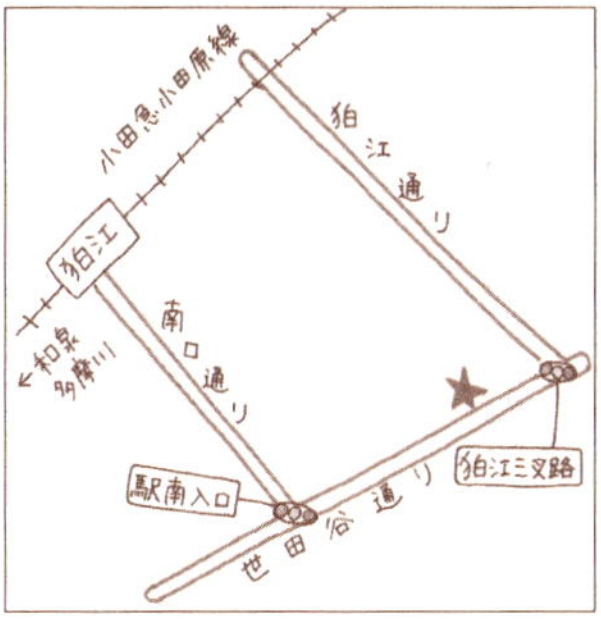

昭島市・時計

タイム堂《どう》

古い時計が再び時を刻み始める

店主は時計修理の腕利き職人

腕時計も置時計も、わずか何千円かを出せば買える今日。それどころか携帯電話やパソコン、家電製品などには時刻が表示されているので、時計を持たなくても不自由しない時代になっている。

しかし、ひと昔前まで時計は貴重品であり、壊れたら修理に出して大切に使い続けるものだった。中学や高校の入学祝いに腕時計をプレゼントされ、小躍りするほどうれしかった思い出のある人も少なくないだろう。

●どこかあたたかい機械式時計

昭島市の時計店「タイム堂」の店主・佐藤訓行さんは、ワイシャツにネクタイ、そして腕にはロレックスの時計。

「これはお客さんから預かっているものなんです。機械式の時計は引力によって誤差が生じるので、腕にはめて試しているのです」と、佐藤さん。腕を上げると3時の方向が上になり、腕を横にするとまた変わってくる。実際につけて日常の動作をすることで、修理の仕上がり具合を確認してからお客さんに引き渡していると語る。

佐藤さんは店の奥から、文字盤が六角形の振り子時計を出してき

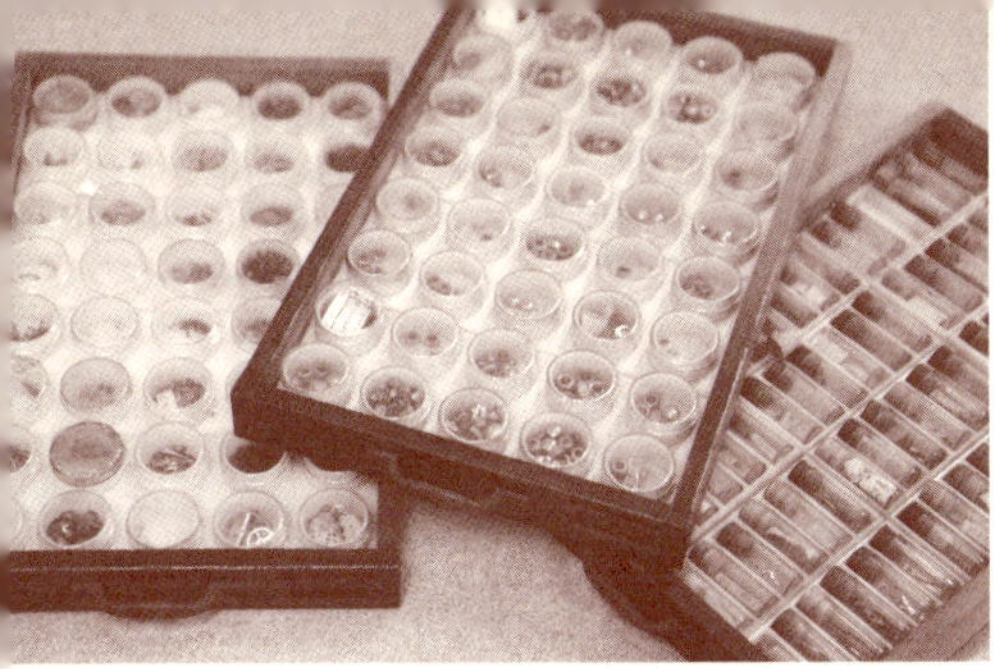

昭島駅南口近くの時計店。どんな修理にも対応できるよう、古い時計の部品が保存してある。

た。「大きなのっぽの古時計　おじいさんの時計…」と、「大きな古時計」の歌詞が浮かんできそうな、懐かしい形。「修理ができますか」と電話があり、持ち込まれたものだという。

「他の時計職人さんの目に触れた場合に、恥ずかしくない仕事をしたいですよね」というのは、職人としてのプライドだ。

日時計や砂時計の時代を経て、15世紀にヨーロッパで発明されたゼンマイで動く機械式時計。機械式の振り子時計は、振り子の一

佐藤さんは大きな時計の修理が得意。振り子時計（写真 上・下）は、お客さんからの修理預かり品だ。
掛け時計や置き時計の修理代金は、その場で見積もりを出す。腕時計は構造が複雑なので、いったん預かって故障個所を確かめてから見積もりする。

往復の時間は同一だという、ガリレオ・ガリレイの発見を応用して作られた振り子時計。懐中時計から進化した、ねじまき式の腕時計は機械式時計だが、その後１９８０年代になると電池式のクオーツ時計全盛の時代となり、最近ではより正確な電波時計が登場。しかし時計職人の手の感触が残る昔の時計は、どこかあたたかい。

●得意な修理は大きな時計

タイム堂二代目の佐藤さんは、ゼンマイ式の時計を使う人がわずかになれば機械式時計の製造技術がすたれ、一方で壊れた時計を修理できる職人がどんどん少なくなることを心配する。

佐藤さんが得意とするのは、大型の掛け時計や置き時計などの修理。父から受け継いだ大切な時計なので、いくらお金がかかっても直したい。そんな依頼があると、張り切って修理に取り掛かる。

「お客さんから、『何年か前に直してもらった時計が動いているよ、具合がいいよ』と、聞くことがいちばんうれしいですね」

70〜80年前にアメリカで製造された六角形の振り子時計は、各部を点検して、部品を取り替えれば再び動くようになると語る。

■タイム堂

各種時計の販売と修理、電池交換、腕時計のベルト交換だけでなく、補聴器、メガネの販売と調整も行う。

■042-541-2476
■昭島市昭和町2-3-3　MSビル1F
■JR青梅線昭島駅南口から徒歩2分
■10:00〜20:00
■水曜休み

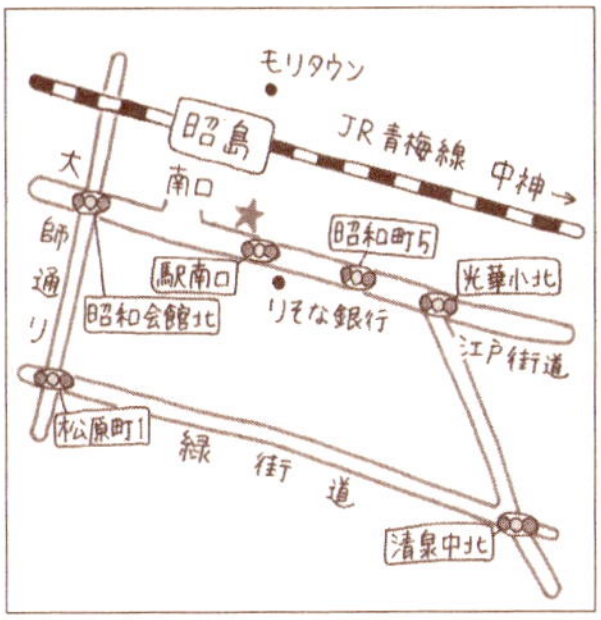

八王子市・書画

筆《ふで》と額《がく》　イワイ

思い出の品々を掛け軸や額に入れて

八王子街道筋の老舗のこだわり

八王子駅から西に向かう甲州街道沿いには、昔のおもかげを残す老舗が軒を連ねる。甲州街道と国道16号が交わる八幡町交差点すぐ近くに店を構える「筆と額　イワイ」もその一軒だ。

店主の岩井孝之さんの話によると、岩井家は明治のころ現在と同じ街道筋に乾物問屋を開いたが、旧市街のほとんどが焼き尽くされた八王子空襲で店を焼失。その後、祖母が女手ひとつで紙屋を再開し、当代になってから掛け軸や額を扱うようになったという。

八王子は床の間のある大きな家が多いことから、「軸装」の依頼が多い。イワイでは、お客さんから預かった書や日本画、水墨画などを美術表具専門の職人に出して掛け軸に仕立てている。大型店や量販店で扱う掛け軸は、化学糊を用いてプレス機で貼って仕上げるものが大半だが、イワイが下請けに出す表具職人は、表具専用の糊を刷毛で塗りながら、一点一点手作業で仕上げている。

軸装の一方で、思い出の品を格式張らないでカジュアルに残すには、額に入れる「額装」がおすすめ。

書画だけでなく写真や表彰状、子どもの絵、旅行先のパンフレット、手ぬぐい、パッチワークなどの手芸作品、さらには専用の額を用いれば、ユニフォームや野球のバットなども残すことができる。

「書でも絵でも、押入れにしまいこんだままでは日の目を見ることがありません。額装や軸装しておくことで次世代に引き継がれ、後世に残すことができます」と岩井さん。

軸装は職人の手にゆだねているが、額装は裏打ち加工も含めて、岩井さん始め店のスタッフで行っている。

残しておきたい思い出の品をイワイに持ち込んで相談すれば、軸装や額装の思わぬアイデアが提案されること請け合いだ。

「筆と額　イワイ」では書道や絵画用の筆、文房具類も販売。2010年より店に隣接して貸ギャラリーを開いている。「西国三十三ヶ所霊場御印譜」の掛け軸（下）は、近畿地方を巡る日本最古の巡礼行の御朱印を集めた仏表具。お客さんからの依頼で軸装した。

■042-625-2600
■八王子市八日町5-13
■JR八王子駅北口から徒歩15分
■10：00〜18：30
■水曜休み
＊作品持参の上応相談

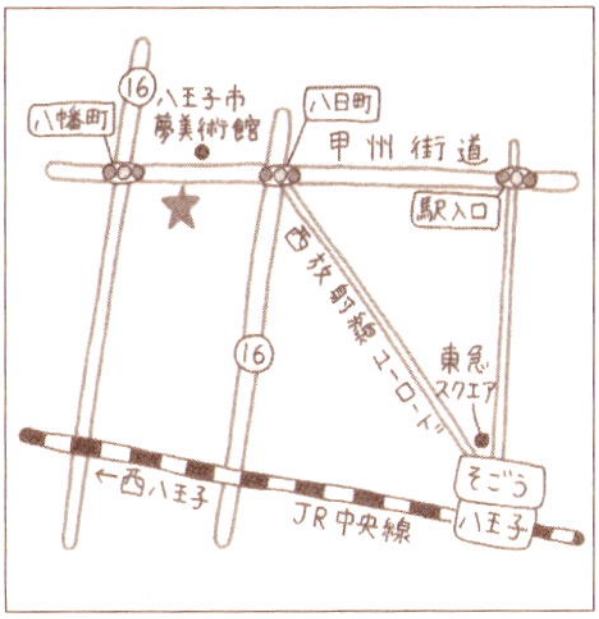

Guitar Repair

ギターリペア

フレットの打ち換えでベストサウンドを

エレキギターの修理とメンテナンス

１９６０年代に世界的ブームとなり、日本でもグループサウンズ世代を生んだエレクトリック・ギター、略してエレキギター。30～40年前はフォークやロック好きの若者向けだったが、最近では幅広い年代に親しまれる楽器となっている。

「会社をリタイアしてもう一度エレキギターを弾きたい人、親子二代で楽しみたいという人が増えています」と語るのは、「Ｇｕｉｔａｒ Ｒｅｐａｉｒ」の大塚理《おさむ》さん。

中学のころからエレキギターを弾いていた大塚さんは、音楽の専門学校でギター製造技術を学び、楽器メーカー勤務を経て、２０００年に独立。２００５年、花小金井駅前のビルにギターやベースの修理・メンテナンス専門の工房を開いた。

●工房はギターのクリニック

エレキギターもアコースティックギターも、弾いているうちに指板（フィンガーボード）の上に打ち込まれた棒状の突起「フレット」がすり減ってくると、正確な音程をとりにくくなる。大塚さんは、エレキギターのフレット打ち換えの作業に取りかかった。長年

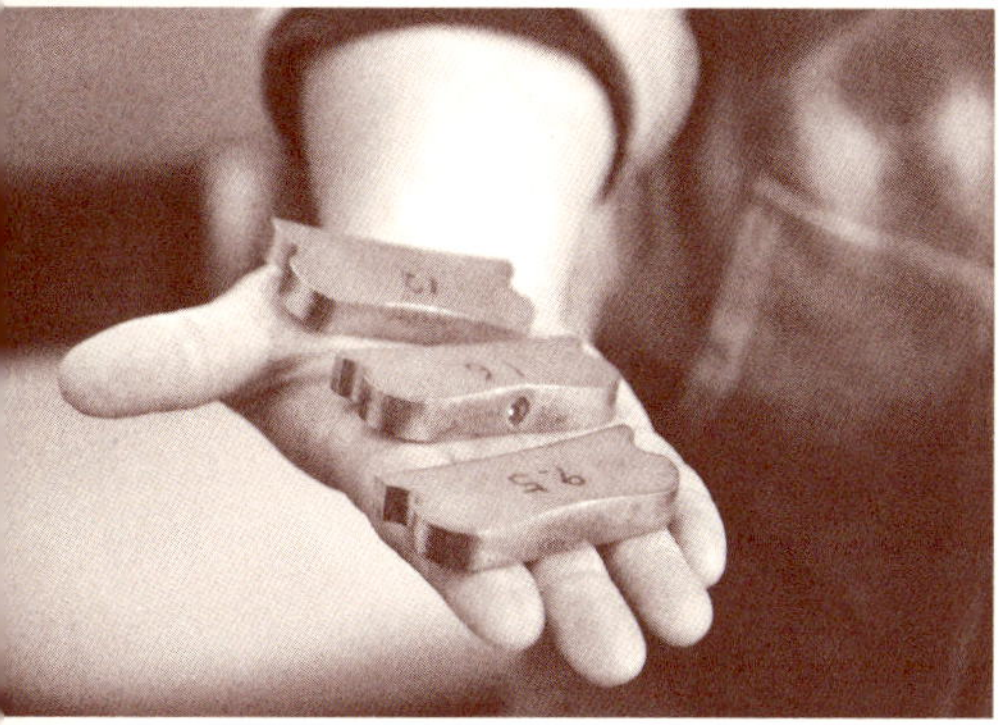

20代で自分の工房をもつという夢をかなえた大塚理さん。フレット打ち換えの道具(中)は、知り合いの鉄工所に特注したオリジナルの工具だ。
各部の修理だけでなく、ボディの色の塗り替えの依頼もある。

趣味でジャズ演奏を楽しんでいるお客さんからの、よりまろやかな音質になるようメンテナンスしてほしいという要望だ。

指板からフレットとナット（弦受け）を取り外し、アール（指板表面のカーブ）の角度を測る。そして、ワイヤー状のフレットを切り、専用の機械で曲げて指板に打ち込んでいく。仕上げに新しいナットを取りつけ、試し弾きして完成だ。お客さんの要望をかなえるために指板を削ってアールを変えることもあるが、このギター

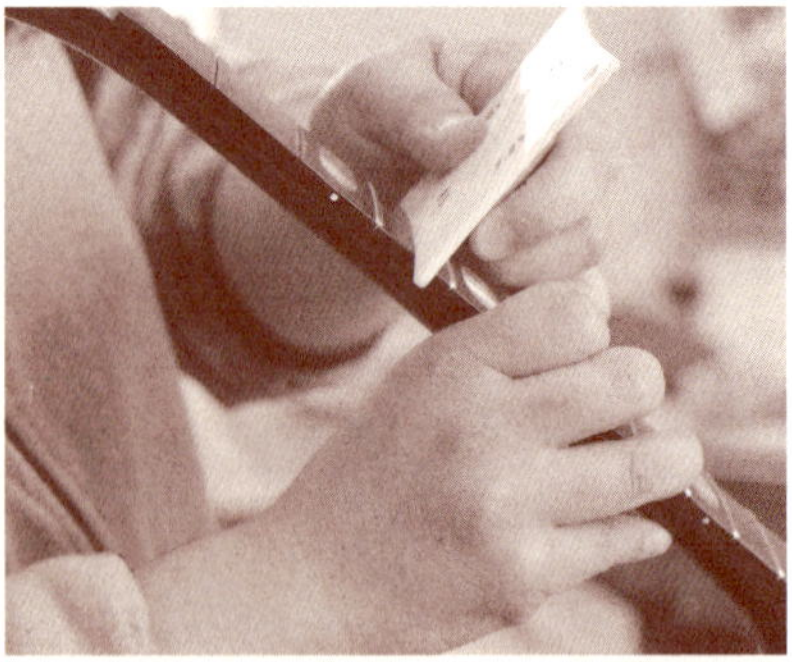

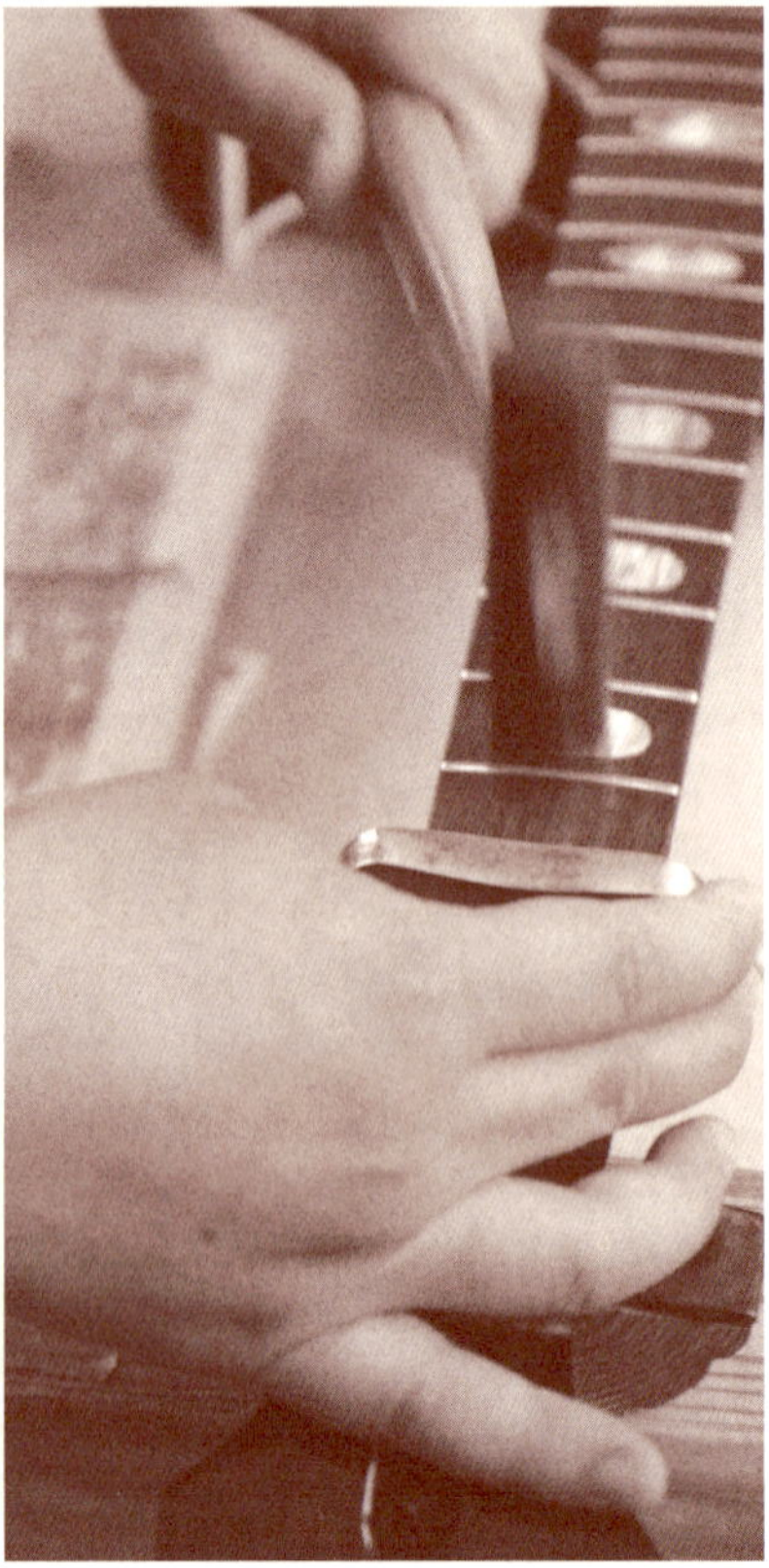

フレットの打ち換え

フレット次第で、弾き心地が変わってくる。フレットがすり減ってくると、正確な音程を取りにくくなるので、アールの角度を測り（右上）、フレットを専用の機械で曲げて指板に打ち込んでいく（右下）。

お客さんの中には、修理費用が同じモデルの新しいギターを買うより高額になっても、古いギターを修理して弾きたいという人もいる。

の場合はフレットの変更だけで、まろやかな音を実現できた。

　来店客には、若いころに弾いていたエレキギターやアコースティックギターをよみがえらせたいという団塊世代の人も少なくない。フレットの打ち換え、ナットの交換、アールの変更、指板の塗装直し、電気系統の修理などで昔のギターが弾けるようになる。お客さんの要望に沿うためにはどんな修理がよいか、手がかりをつかむために、「よく聞くのはどんな音楽か、どんなギタリストが好きかなど、お客さんの好みを聞いてから修理しています」と大塚さん。

　駅前の小さな工房は、ギターの総合クリニックともいえそうだ。

■Guitar Repair

「Guitar Repair」はエレキギター、アコースティックギター、ベースの修理・メンテナンス専門の工房。予約制なので、電話またはメールで連絡を。ホームページはhttp://homepage2.nifty.com/guitarrepair/

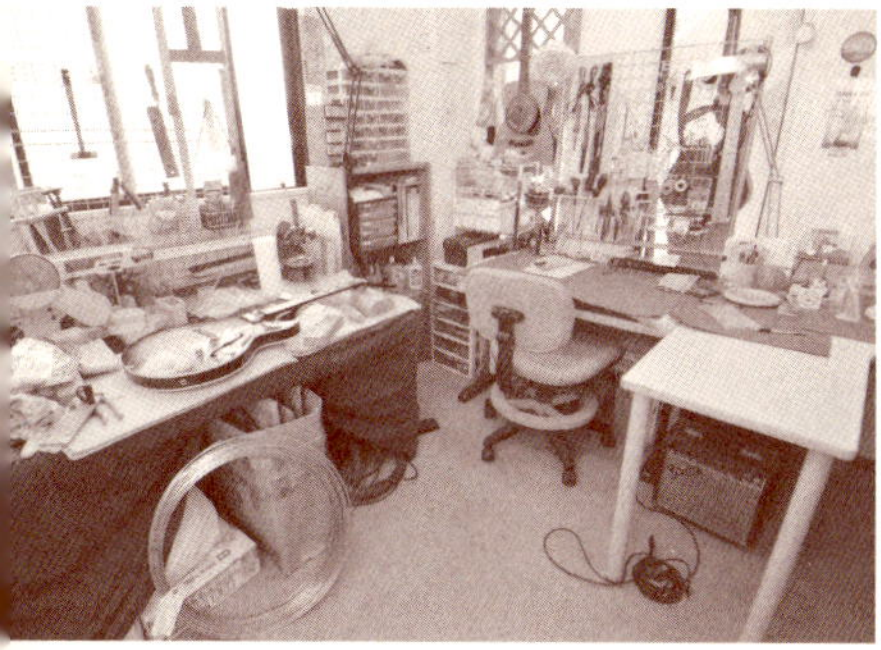

■042-466-4357
■小平市花小金井1-8-4
K&Kロイヤルビル3F
■西武新宿線花小金井駅北口からすぐ
＊要問い合わせ

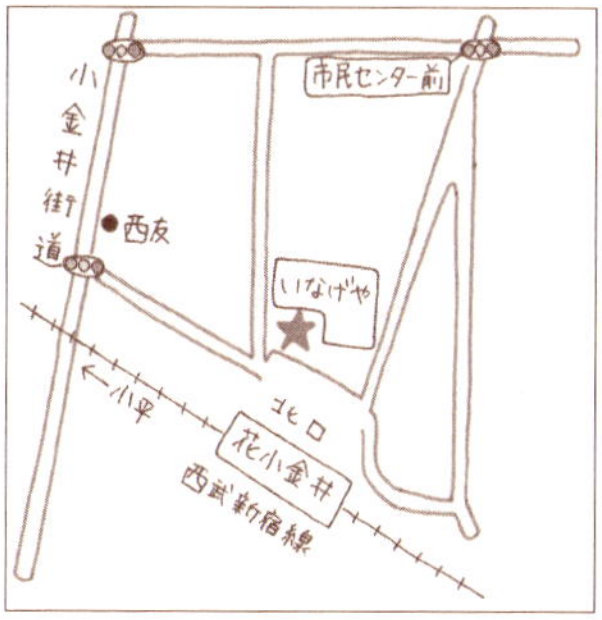

前田《まえだ》ヴァイオリン工房《こうぼう》

大破したヴァイオリンも元通りに

親子2人で緻密で繊細な仕事

調布・仙川で、父・前田幸雄さんとその息子・高寛さんの2人が営むヴァイオリン工房。

父・幸雄さんは一本立ちしてヴァイオリン工房を開いた後、さらに技術を磨くために30代後半でイギリスにわたり、ロンドンで3年間修業。世界的な演奏家の楽器の修理を任されるようになった。

親の後ろ姿を見ながら育った高寛さんは、父と同じ道をめざすようになり、自作のヴァイオリンを売って資金を調達。23歳から5年間イタリアで修業し、帰国後は主に製作を担っている。

とりわけ緻密で繊細な楽器・ヴァイオリンは、製作、修理、調節にも高度な技術が要求される。

海外に知己が多いこともあり、来日中の演奏家から修理や調節が依頼されることも多い。ヴァイオリンやビオラなどの弦楽器はヨーロッパで生まれた楽器なので、高温多湿な日本の気候は過酷な環境となる。そこで、接着剤として使ってあるニカワがはがれてしまい、急いで直してほしいという依頼が舞い込む。弓の毛（馬毛）はヴァイオリンを弾くにしたがい摩耗《まもう》していくので、新たに毛替えをする必要があり、これもよく依頼される。

工房は白い螺旋階段を上がった2階。北側に大きな窓があるので明るく、しかも直射日光は差し込まない最良の環境だ。ヴァイオリンだけでなく、ビオラ、チェロの修理・調整も行う。
工房開設40年になる前田幸雄さんは、ヴァイオリンの演奏者でもあり、オーケストラの一員として活動している。

自国の気候は熟知しているはずの日本人も、思わぬ事故を引き起こすことがある。真夏の炎天下にケースごと車に放置して、暑さでニカワが溶け、バラバラになることも。さらには、足で踏まれてつぶれたヴァイオリン、車にひかれて大破したヴァイオリン。幸雄さんはこれらを注意深く組み立て直し、元通りに復元する。

「今まで扱ったことのない修理を頼まれると、どんな方法が可能か、そのためにはどうしたらいいか、夜、寝ながらも考えています」

世界に通用する修理の技術は、日本のモノ作りの水準の一端を支えているといっても過言ではない。

- ■03-3309-4597
- ■調布市若葉町1-30-20
- ■京王線仙川駅から徒歩8分
- ■9:00〜18:00
- ■日・祝日休み

国立市・楽器

グリーンストリングス

妥協せず、弦楽器の修理をていねいに

「いい音になった」と言われるとうれしい

「弾きにくい楽器で練習していると、なかなか上達しません。不都合がなくても、定期的に調子を整えることをおすすめします」と、グリーンストリングスの石井智子さん。

桜並木がアーチを描く、国立・大学通りに面した建物2階のスペースは、その名の通り豊かな緑に縁取られた弦楽器（ストリングス）工房だ。

弦を弓で振動させて美しい音楽を奏でる、バイオリンやビオラなどの弦楽器をいい状態で演奏するためには、専門家によるメンテナンスが欠かせない。ピンと張った弦の張力でネックが下がってきたり、弦を支える「駒」や、その内側のボディ中心に立つ短い棒「魂《こん》柱《ちゅう》」の位置がわずかにずれただけで、音質が変わってくる。

大学時代、音大でビオラを専攻していた石井（旧姓・江草）さんは、「演奏より製作が向いているのではないか」と先生からすすめられた。その理由を「手先が器用で頑固だからです」と笑いながら語るが、先生のひと言がきっかけとなって、バイオリンやビオラ、チェロの製作・修理の天職を見つけたのだ。そして現在は、アンティークの弦楽器のディーリング（取り引き）を専門とする夫の紀人

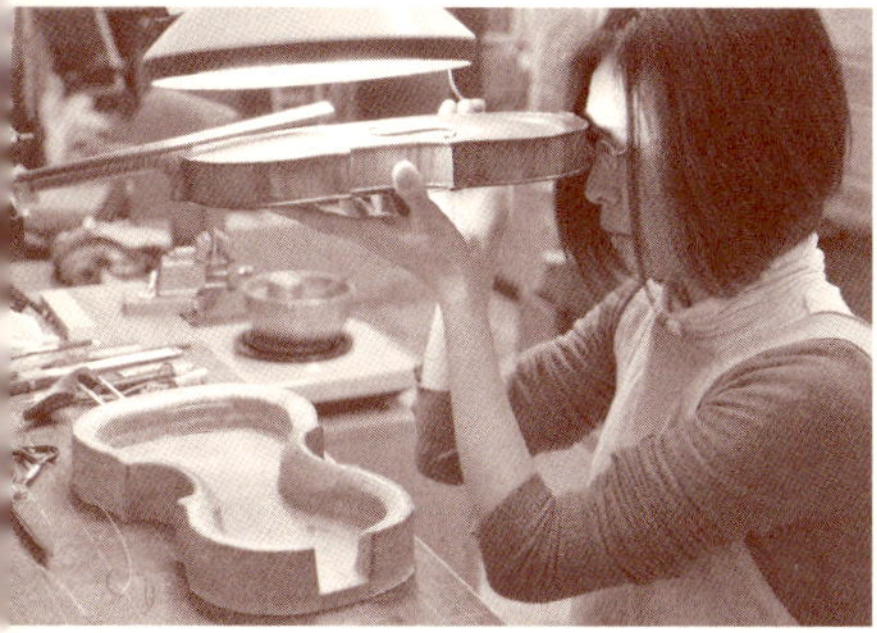

工房は国立・大学通りの桜並木に面した建物にある。窓際には、フランスからラフカットで仕入れた、メープル材の駒が乾燥させてある。
魂柱の調節をする石井智子さん（下）。
ホームページは
http://greenstrings.com/

さんとともに工房を営み、楽器職人としての仕事のかたわら、趣味でビオラの演奏も続けている。

工房の一角には、海外から仕入れた木材が保管されている。ボディの表板として用いるスプルース（松の一種）や、裏板・横板・ネックなどに使うメープル（楓）は、20年以上乾かしたものでないとよい楽器とならないからだ。これらの木材を薄く削り出し、いくつもの工程を経ながらバイオリンやビオラ、チェロを製作する。

とくに修理は、基本技術はあっても状態は一つひとつ違うので、マニュアルはない。妥協せず、ていねいな仕事を続けていることが評価され、全国各地から修理を依頼されている。

■042-577-0194
■国立市中2-17-41
■JR中央線国立駅南口から徒歩10分
■10:00〜13:00、14:00〜18:00
■土・祝日休み
＊要問い合わせ

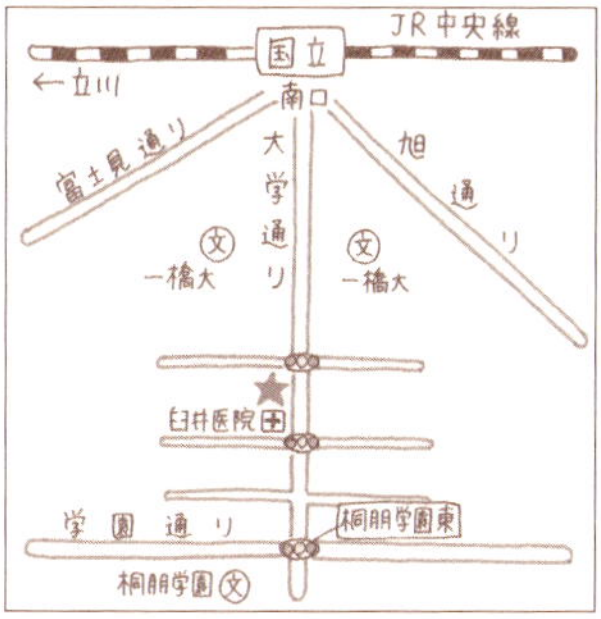

go for it ！

ゴーフォイット

プレイヤーの一人ひとりに合ったラケットを

テニスファンに知られるプロストリンガーの店

「〝ゴーフォイット〟とは、〝目標に向かってがんばれ！〟という意味です。テニスプレイヤーを道具面で支えたいという気持ちをこめました」と、店主の澁谷《しぶや》秀樹さん。

グリーンの床にテニスコートがデザインされた店内は、澁谷さんのテニスへの思いが凝縮されている。右側の壁一面には、国内で手に入るほぼすべてをカバーする、約４００種類のストリングス（テニスラケットに張る糸）を展示。その向かいには、来店客にくつろいでもらうための「テニスバー」が設けられている。

●お客さんの意向を聞いてメンテナンス

テニス歴30数年の店主は、テニスについての話題も豊富だ。

プロの試合ではボールを打つごとに、ストリングス面に１００キロ以上の力がかかるという。そこで１回の試合で３〜４本のラケットを交換。常にストリングスを張り上げた状態でプレイするために、オフィシャルストリンガーが配属される場合もある。澁谷さん自身、店を立ち上げる前はプロのストリンガーとして活躍していた。

８００万〜９００万人といわれる日本のテニス人口。30年ほど前

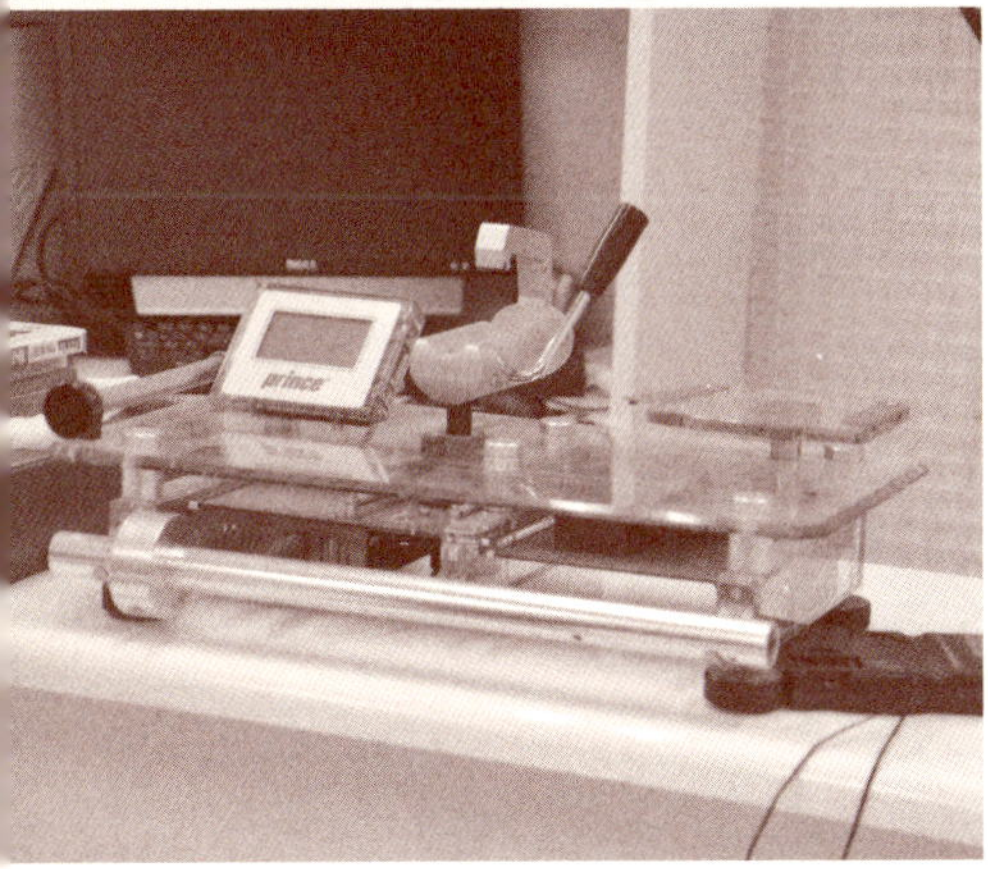

店の一角の「テニスバー」には飲み物が用意され、戦前に使われていた木製ラケットなど、澁谷さんのコレクションがディスプレイされている。
「スイングテスター」は、ラケットのバランスを確認するための機械（下）。

まで木製だったラケットは、今ではカーボンやグラファイト（黒鉛）製のフレームが主流となり、「ラケットの進化によってプレイの仕方が変化し、より攻撃的になりました」と、澁谷さん。

ラケットの重さやストリングスは、プロ用とアマチュア用では大きく違う場合もある。では、お客さんはどんなテニスがしたいのか。得意ショットを伸ばしたい、ミスを減らしたい、大きな試合に出場したいなど意向をじっくり聞き、「体力、レベルに応じたラケット

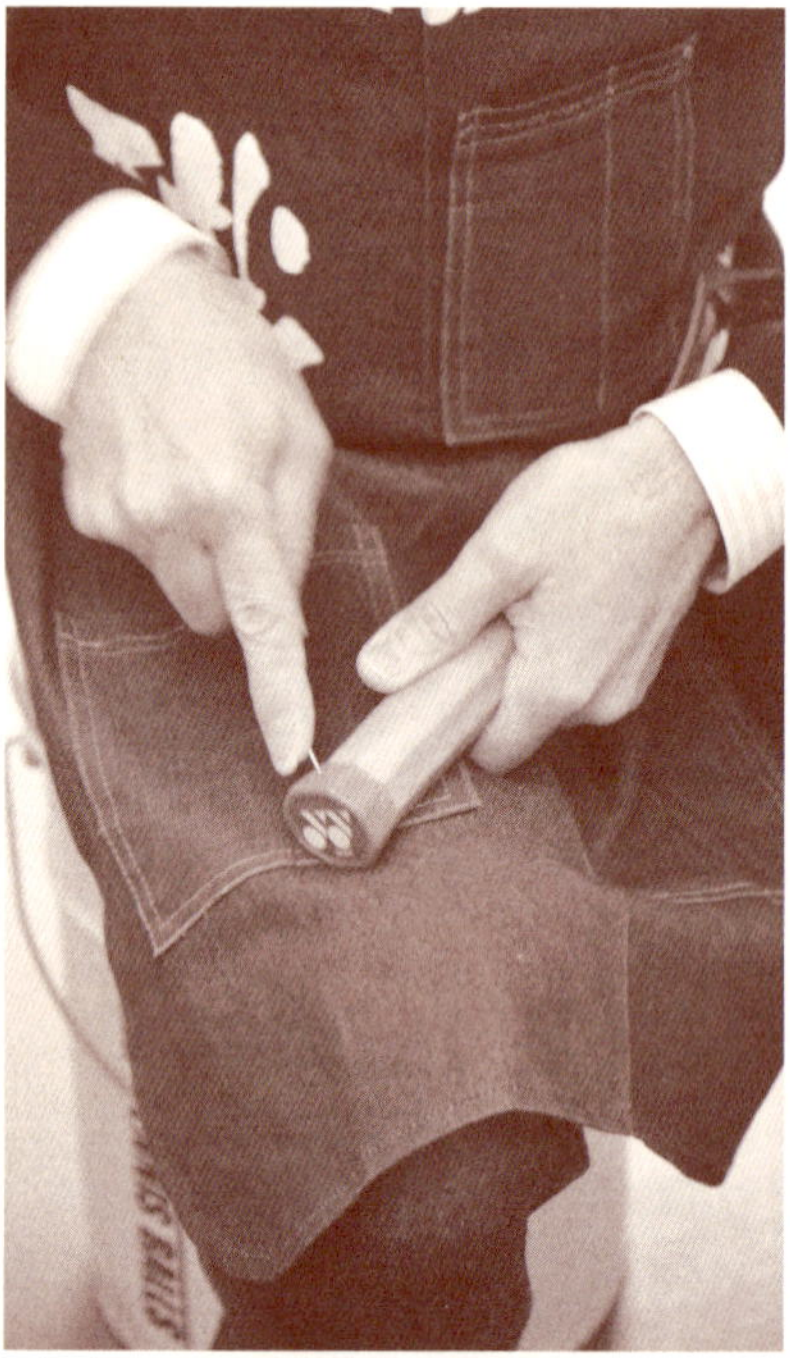

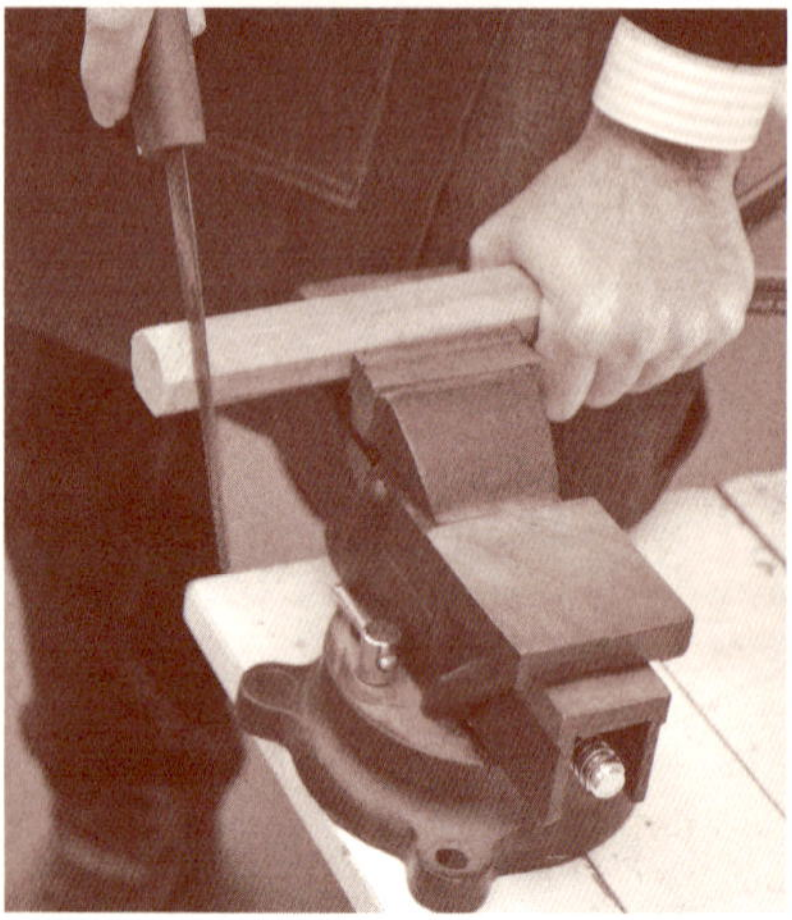

ラケットのグリップ調整とストリングスの張り替え

グリップを太くする、短くする、細くするなど、使いやすいラケットにするための調整に応じる(左上・下)。テニスの上達には、ストリングスの種類、張り具合など、ラケットの状態が大きく関わってくる。ストリングスマシーンで張り替え(右上)、テニスコンピューターで面圧を測定して仕上げたラケットには、メンテナンス内容と日付を記入した管理シールを貼ってお客さんに渡す。

にしていきましょう」とアドバイスしている。

ストリングスの張り替え前に、まずラケットのメンテナンスを行う。グリップが長すぎる場合は、グリップカバーを外してカット。ラケットは右利き用に作られているので、左利きの人向けにはグリップカバーの巻き方を変えるだけで、格段に使いやすくなる。

ストリングスはお客さんの使い勝手を最優先して張り替え、その後、テニスコンピュータで面圧をチェック。タテ糸とヨコ糸で、別種類のストリングスをすすめる場合もある。

テニスカウンセラーを自認する澁谷さんの店は、個人仕様のラケットでテニスを楽しみたいファンの拠り所となっている。

■go for it！

400アイテムのストリングスがそろった「go for it!」。硬式テニスだけでなく、軟式テニス、バドミントン、スカッシュ、ラケットボール、バウンドテニスなどのラケットのメンテナンスも行う。

■042-320-7233
■国分寺市本町2-11-5
■JR・西武国分寺駅北口から徒歩3分
■11：00～19：00
■木曜休み

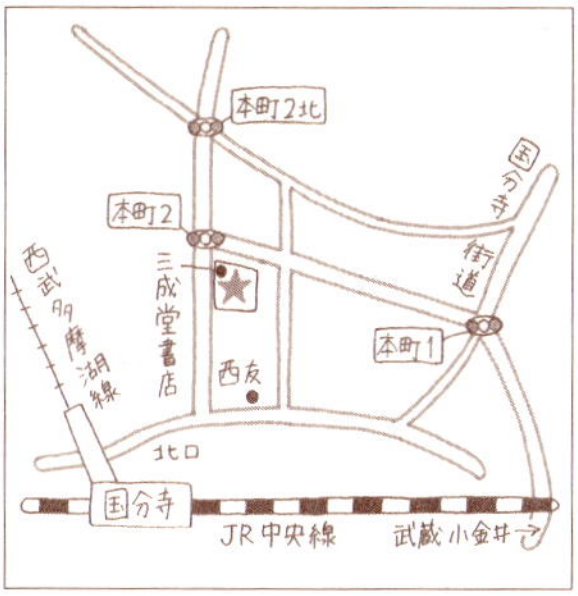

column 3

行ってみたい骨董市・フリーマーケット

骨董市やフリーマーケットをのぞくと、思わぬ掘り出しものとの出合いがあります。多摩地域で開かれている、代表的な催しを紹介します。あくまで筆者の責任で掲載したものですので、お出かけの際には開催日などをご確認ください。

■骨董市

立川市　立川諏訪神社 多摩骨董市

毎月第4日曜 7:00～16:00
立川諏訪神社境内

日野市　高幡不動ござれ市

毎月第3日曜 8:00～16:00
高幡不動尊境内

八王子市　八王子浅間神社骨董市

毎月第2土曜 9:00～16:00
八王子富士森公園内・浅間神社境内

調布市　布多天骨董てんこもり

毎月第2日曜 6:00～15:00
布多天神社境内

町田市　町田天満宮がらくた骨董市

毎月1日
（2010年11月、2011年1月は変更あり）
8:00～16:00
町田天満宮境内

福生市　福生七福神宝市

毎月第2日曜 6:00～15:00
熊川神社境内

あきる野市　武蔵五日市ふるもの市

毎月5日 7:00～16:00
武蔵五日市・五日市ひろば

■フリーマーケット

調布市
味の素スタジアムBIGフリーマーケット

全国最大級のレギュラーフリマ
概ね毎月1回 10:00～16:00
味の素スタジアム、入場料￥300
主催:リサイクル運動市民の会

小金井市
小金井公園フリーマーケット

概ね毎月1回 9:00～16:00
小金井公園、入場無料
主催:NPO法人フリーマーケット
主催団体協議会

府中市
府中の森公園フリーマーケット

毎月第3日曜日 9:30～15:00
府中の森公園、入場無料
主催:NPO法人フリーマーケット
主催団体協議会

あとがき

「修理」「再生」「もったいない」「直して使う」をキーワードに、多摩地域の工房やお店を訪ねました。仕事の手を休めて、素人の的外れな質問にもていねいに答えてくださった職人さん、お店や団体の方々、本当にありがとうございました。

日本の伝統の品々、日常の生活用品、こだわりの逸品の修理・再生を手がける方々の仕事ぶりを拝見し、その心意気とこだわり、技術の高さに感動しました。そして多摩に暮らす者として、とても誇らしい気持ちになりました。

取材させていただいた何人もの職人さんから、「修理や再生をするには、そのモノの構造と作り方をきちんと理解していないとできない」という話を聞きました。ですから職人さんの多くは、一筋に修業してモノ作りのワザを身につけた方々であり、直接の作り手ではなくても個々の品々に敬意を払いつつ、修理や再生に取り組むその道のプロでした。

時間はかかっても手を抜かずにきちんと仕事をすることは、「効率」とはなじみにくく、納期とのせめぎ合いになるかもしれません。それでもなお妥協しないのは、修理や再生、モノ作りにかかわることが、その人の根っこにあることを伝える手立てになっているからだろうと思いました。お話をうかがっていると、そのような仕事や活動をできることの喜びが、お一人お一人からじんわりと伝わってきました。

32、64、96ページには、暮らしに役立つ修理工房を中心に、いくつかリストアップしました。多摩地域には本書掲載以外にも、多くの修理工房があります。お住まいや勤め先の近くで探して相談してみてください。ていねいに作られているから大切に使い続けたい、もったいないからモノを大切にしたい、そんな思いがきっとかなえられることでしょう。

最後に、本書を作るにあたって編集の小崎奈央子さん、写真の梅木勝美さんはじめ、けやき出版のみなさま、デザイナーの冨沢由さんにたいへんお世話になりました。心よりお礼を申し上げます。

2010年8月

八田　尚子

索引

市別

＊カッコ内は最寄り駅

■**武蔵野市**

おもしろや（吉祥寺） 32

■**三鷹市**

きもの倶楽部　三鷹本店（三鷹） 32
ハマヲ洋傘店（三鷹） 44
おしゃれ工房　三鷹センター店（三鷹） 46
よろずや（三鷹） 96

■**小金井市**

T.R.COMPANY（東小金井） 70

■**国分寺市**

金継ぎnico（国分寺） 6
go for it!（国分寺） 118

■**国立市**

グリーンストリングス（国立） 116

■**立川市**

渡邊屋邦楽器店（立川） 10
苅田美術刀剣店（立川） 18
ハーモニー　立川本店（立川） 32
けやき寝具店（立川） 64
寝具の石川（立飛） 64
ふとんの丸屋（西国立） 64
きものりさいくる工房　五箇谷（立川） 72
銀細工職人の店　造屋（立川） 98

■**日野市**

ひの市民リサイクルショップ　回転市場　万願寺店（万願寺） 32
クリア（百草園） 38
大貫木工所（日野） 64
芦沢製畳有限会社（甲州街道） 96

■**八王子市**

福島履物店（八王子） 26
エコショップ元気広場（片倉） 32
花野工房（西八王子） 32
出張修理、じてんしゃ屋 62
ムラタ家具修理工房（西八王子） 64
林庭園設計事務所（西八王子） 78
NPO法人日本エコクラブ　DAIGOエコロジー村 86
ランビエンテ修復芸術学院（八王子） 94
高木畳店（西八王子） 96
筆と額　イワイ（八王子） 108

索引

ジャンル別

著者　八田《はった》　尚子《なおこ》

フリーライター。鹿児島市で生まれ育ち、調布市、日の出町などに移り住みつつ、多摩に暮らして30年。現在、小平市在住。著書に『裂織（さきおり）の本』（晶文社）、編著書に『捨てない主義で布生活』（自然食通信社）『江戸東京野菜図鑑篇』（農文協）などがある。

eco　多摩　atelier

えこたま工房

多摩の修理・再生・古道具63

2010年11月3日　第1刷発行

著者	八田尚子
発行者	清水定
発行所	株式会社けやき出版 〒190-0023　東京都立川市柴崎町3-9-6 TEL 042-525-9909 FAX 042-524-7736 http://www.keyaki-s.co.jp
撮影	梅木勝美
デザイン	root design 冨沢由
DTP	桐原工房
印刷所	株式会社サンニチ印刷

ISBN　978-4-87751-424-2　C0072

©Naoko Hatta 2010, Printed in Japan